お肴春秋

お肴春秋

辰巳芳子

岩波書店

蕗の薹の佃煮――序文にかえて

由布院　中谷健太郎

アベちゃんが蕗《ふき》の薹《とう》を持ってきてくれました。柔らかい葉っぱの中にシッカリと薹が身構えています。

「体調は良いんかい?」

「うん、まあ何とか……」

アベちゃんは長い間、我が家の送迎車の運転手をやってくれました。先生をお送りしたこともあるそうです。

「そうかい、そんならもうちょっとあると良かったなあ、佃煮にして先生にお送りしたのに……」

「送ってください、まだ、いっぱいあるから……」

アベちゃんの実家は由布川渓谷の上流にあります。後ろに由布岳の山麓を背負い、前は南に開けて田畑を展望する、絵に描いたような農家です。母御は小さな美容院を経営され、父御は九十三歳で元気に畑をやりよるから、御一家は悠々で、だから蕗の薹は「そんじょそこらに、なんぼでもある」そうです。

「こんど、休みの日に採ってくるわい」、そう言うて帰って行きました。

そんな訳で、とりあえず、アベちゃん持参の蕗の薹を佃煮にして送ります。

その佃煮をどうやって作ったか? 体の弱かった母の「簡単製法」を報告しましょう。

我が家の「温泉」(稀炭酸泉)を煮立てて、お塩少々、カボスの酢を振り、蕗の薹を入れて煮ると、アクが抜けます。別の鍋に味醂、酒、切り昆布、醬油、それに水を加えて、アクの抜けた蕗の薹を入れ、蓋をしてジックリと煮含めます。火から下ろして冷ましてから、包丁で細かく刻んで歯あたりを良くし、壜に詰めて味が馴染むまで(四、五日ほど)、寒いところに寝かせます。それでできたのが、この小瓶二つです。その一つを先生にお送りし、残りの一つで今宵、私はお酒を飲みます。

ここから延々と「酒を飲む、愉しい話」が始まる筈ですが、もう飽きました。世の中には「お酒を飲む名人」も多くおられるし、味わいを感動的に「お書きになる名人」も多々おられます。それでよろしいではありませんか?

私は八十六歳、これまで随分と旅をし、お酒を飲み、友と語り、争いもして参りましたが、お酒の本当の魅力に目覚めたのは、ここ二、三年です。余り飲めなくなってから「お酒の世界」がどんどん膨らんで、場所と時間の感覚が「無限大」になってきたのです。

三十年ほど前、南フランスの海辺のホテルでアラックを飲みました。茴香《ういきょう》の匂いがしました。友が一緒でした。「私には強すぎる」と言って、友が水で薄めると、透明なアラックがサッと乳色に変わりました。運命のような色でした。

それからまた十年ほどの時が経って、私はギリシャに旅をし、海岸のバールで「ウーゾ」を飲みました。水を入れると白濁しました。アラックとそっくりでした、むろんどこか違っていたけれど……いや、まるで違っていたけれど……。

以前、先生にお越しいただいた私の隠宅「庄屋」は、北原白秋の生家の町「柳川」から移築したものです(立花宗茂公の城下町の匂いが、かすかにします)。

以下は、白秋が明治四十一年に発表した「邪宗門秘曲」の一部です。

われは思ふ、末世《まつせ》の邪宗《じやしゆう》、切支丹《きりしたん》でうすの魔法。
黒船《くろふね》の加比丹《かひたん》を、紅毛《こうまう》の不可思議国《ふかしぎこく》を、
色赤きびいどろを、匂鋭《にほひと》きあんじやべいいる、
南蛮《なんばん》の桟留縞《さんとめじま》を、はた、阿刺吉《あらき》、珍酡《ちんた》の酒を。

この、おどろおどろしくも美味しそうな詩文を、「切支丹でうす」の信仰者で、「味覚」の司祭でもいらっしゃる辰巳センセ、どうお受けになります？　「サタンよ退け」と仰るか？　それとも「美味しいわ」とお飲みになるか？　そのシーンを観たいなあ……。

阿刺吉はアラビヤの蒸留酒で、シリア、トルコ、中近東からエジプトに広がり、後にマホメットの教えを報じる地域や、国々で愛用されたものだそうです。珍酡は赤葡萄酒で、黒海のグルジヤ、アルメニア辺りで醸されたものが、ヨーロッパに渡り、ポルトガルから世界中に輸出されていったと聞きました。

ムスリムの強国、トルコの将軍ケマル・パシャ(アタチュルク)が、切支丹の国「ヨーロッパ」にきっちりと向き合って、交わり、戦い、ムスリムの「社会制度」を革命的に変えていったのは、大正の終わり頃ですから、それよりも遥か以前に、こんな詩を書いた白秋は、いや明治の日本人は、とんでもない冒険をやったのですねえ。清国(中国)に攻め込み、ロシアとやりあい、あとは無茶苦茶になりましたが、うーむ、それでもアラキ、チンタの酒は残った。日本にも、トルコにも、中国

にも、ロシアにも、アメリカにも、ヨーロッパにも、イスラムの国にも、でうすの国にも……。
その好奇心と知恵の奔流が、先生の料理の「根っこ」に流れていそう、というのが、酔っ払った私の演説です。

豚の腿肉に、しっかりと塩を擦り込んで風に当て、寝かせて作る生ハム。非常の際に抱えて走る分厚い「焼きパン」。家族団欒の小卓の上に出て来る大きな「卵焼き」。そして無限に手間を込めて作られる「梅干し」「伽羅《きゃら》蕗《ぶき》」。感動を伝える為の正確で、晴れやかな言葉の数々……。
もしも辰巳先生がお酒を造られたら、どんな具合に仕上がるだろうと考えたら陶然となりました。

さあ、さかずきを満たせ。燃えたつ春の火に
くよくよ悔いる心の冬服を脱ぎ捨てよ。
「時」の小鳥は飛ぶ道のりが短いに、
ほら、ごらん、もう飛んでいる、飛んでいる。

オーマー・カイヤム『ルバイヤート』より(十一世紀ペルシャの天文学者・詩人)

春には「苦いもの」を召し上がるとヨロシイと、いつか先生が仰った、そのことを思い出しての「蕗の薹の佃煮」です。
どうぞ、お元気で……。　再見。

鎌倉　辰巳芳子先生へ

まえがき

食はいのちを養うものであれ。

そう考え、永い間、私は間違いのない食材と、合理的な方法とで用意される料理について、祈るような気持ちで本を書き、料理教室でもそのようにお教えしてきました。今でもその思いは変わりません。

しかし食がいのちを養うものだとして、そのいのちとは一体どういうものでしょうか。身体は勿論ですが、魂のことも深めて捉えなければ不足ではないか。身を労い、精神の昂りを宥める食べ物として特におつゆ、スープを作られるようお薦めしてきましたが、魂を癒すものとしてのお酒、お肴を欠かすことは、やはり難しいように思われます。思えば酒の肴づくりは、文化を生きる人間の、もっとも洗煉された表現行為と言えるかもしれません。

とはいえ、勤めから家路に着いて食事前、お菜を肴に「ちょっと一盃」、ということがお出来になる方は、もう稀かもしれません。日々の労働が、そういうゆったりとした時間を許さないのです。それを思うにつけ、私の父は何と恵まれていたか、と思わずにはいられません。私の母・辰巳浜子は元々家事が大好きで、家を守ること、夫や子供たちに季節のものを美味しく食べさせることに、無上の歓びを見出していた人です。その母手製の酒肴が毎晩、食卓に並びました。春なら筍の木の芽和え、夏は蚕豆《そらまめ》。秋は炒り銀杏、冬には揚げ零余子《むかご》……。夢のようではありませんか。父は目で見るより先に、口で季節の移り変わりを知ることができた、まこと幸福なる人だったと言えるでしょう。決して大酒呑みではありませんでしたが、こうした食事の前の「ちょっと一盃」が、父の魂を癒していたことは間違いないと思います。

それを思うとき、長年お仕事を勤め上げ、これから第二の人生というところで急にお一人になられた方のことを思うと特に、私は胸が詰まるような気持ちになります。そういう方のお酒はいきおい深酒になりやすく、面白からぬことになり勝ちです。肴を工夫し、酒量は決して過ごさず、身と心の疲れをお宥めするようなお酒であれかし、と心から願います。

ここにまとめるのは、岩波書店の『図書』に連載していた「お肴歳時記」全十二回と、新たに書き下ろした七つの文章です。料理の材料やその扱い方には精確さを求め、本を出すときにもその点は懇切丁寧に書き記すよう努めていますが、酒の肴は当意即妙、才覚で作るべしと常々語っていた「浜子流」に敬意を表し、ここでは踏み行うべき最低限の手順、分量の目安を記すにとどめ、そこから先は読者が、ご自身の味を見つけていただきたく思います。作り方《レセピ》に網羅性はなく、またお造りや唐揚げなど、飲み屋のいわゆる定番料理も欠いています。しかし、季節がうまく表現された、体に障りのない肴をご紹介しようと心がけました。

明日から健やかに日々を過ごす為、皆様の今宵の酒席がよきものでありますように。

お肴春秋　もくじ

I　読む肴篇　1

Ⅱ　作る肴篇

協力

小林庸浩

99、155、167、171ページ写真：『辰巳芳子の野菜に習う』マガジンハウス、二〇一六年

111、123、151ページ写真：『辰巳芳子の旬を味わう』NHK出版、一九九九年

115ページ写真：『あなたのために』文化出版局、二〇〇二年

後　勝彦

139、187ページ写真：『仕込みもの』文化出版局、二〇一三年

I 読む肴篇

四月　筍三昧

春がやって来ました。皆様、ご機嫌いかがでございましょうか。

ここ鎌倉には国内はもとより海外からも観光の方が毎日、大勢おいでになりますが、桜の美しい十日ばかりの日々に行き当たるのはなかなか難しいことと想像します。盛りがごく短い上に、年ごとに見頃が変わるため、花見を目がけて来るのは一種の賭け。花の季節は短いだけでなく、本当によいお天気に恵まれるという日もいたって少ないのです。突然の雨、花曇り。淡く澄んだ空の色を背景に桜が咲いているのが見られる日は、数えるほどでしょう。その生温いような雨の滴を受けて、下草がぐんぐん伸びていきます。命萌え出ずる季節です。

鎌倉の若宮大路——段葛《だんかずら》とも言いますが——は数年前に改良工事が行われ、桜の老い木も新しく植え替えられました。枝が張って美事に花咲くまでにはまだ年月が必要でしょう。

この頃気にかかっているのが、街で見る桜の種類です。桜の品種は少なくとも数十はあり、それぞれ味わい、見所があると思うのですが、観光地では皆、判で押したように染井吉野なのです。幾種類も植えて、花の見頃が違うようにしておけば、多くの方に花の季節へ行き当たってもらえるのに、と思うのですけれど。染井吉野は派手でもあり、また成長が早いとも聞きますが、本当でしょうか。山桜などは臙脂《えんじ》の新芽が出るのに合わせて花が咲き、地味ではありますが、まさに「朝日に匂う」がごとき風情。これもまた捨てがたい味と思います。

我が家にも三本、枝垂桜が植えてあります。背に山を負って、いわゆる桜色より二、三トーン濃い色の、まことに絢爛たる花を滝のごとくにつけます。春の園には他にもラッパ水仙、椿などが咲き乱れています。そうなるとどうしても一献、という心持ちになるのが人情でしょう。今回は春の肴の筆頭、筍の扱いを紹介いたしましょう。

何をおいても春は筍

廿四孝《にじゅうしこう》のお話は皆様にもお馴染みでしょう。

幼いときに父を亡くした孟宗はひとりで母親に孝行を尽くしていたが、その母親が病みついてしまう。ある冬の日、病身の母が筍を欲しがった。外は雪、筍のあるはずもないが、と知りつつ、なんとか探し出して食べさせたい一心で雪を掘った。するとその思いが天に通じたか、たちどころに雪が解け、筍を手に入れることができた。これを食した母の病はすっかり癒え、天寿を全うしたとか。「雪中の筍」のお話でございます。

季節をうんと先取りした、早掘りの筍を珍重する向きは今でも見られます。ごく若い、出たてというよりまだ土中に寝ているような筍が市場に出るようですが、多くはご家庭用ではなく、料理屋で供されるものでしょう。貴重品であるが故、お値段の張るものです。雪中と言わず、求めにくいときは求めぬが賢明と考え、四月からの手に入りやすい筍をお使いくださればよいと思います。

筍は精の強いものですから、多くは食べる前に丁寧な下拵え、つまりアク抜きが必要です。この作業を適切に行わなければ、えぐ味が残ります。このえぐ味はどうやら蛋白質に出会うことによって解消されるようです。糠水で茹でてアク抜きする古来の方法にも、こうした理屈がついているのかもしれません。

筍は時間がたつほどに固く、またアクが全体に回るようになりますから、手に入れたら一刻を争って茹でます。湯沸かししてから買いに行け、という言葉もあるとか。それは大袈裟としても、採れたら間髪をおかず、直ちに下拵えした筍の美味は、実にたとえようもありません。大小様々ありますから一概には申せませんが、買ってきたらまず上皮(細かい褐色の産毛がびっしり生えている)を三、四枚はぎ取ります。根元のいぼも、庖丁の元で丁寧に削り取りましょう。次に筍の頭を斜めに切り落とし、そこから縦に庖丁目を入れます。輪切りにして先を落とすのではなく、斜めにさっと切り落とすのです。

次に筍を深鍋に収め、鷹の爪を三本ほど、また糠を三、四カップ加え、筍全体がすっかり浸かる加減に水を加えます。筍は浮いてきますので、網を掛け、さらに重石をするなどして、茹でている間に浮き上がってこないよう、めいめい工夫なさってください。これを強火にかけ、沸騰したら弱火にし、ほたほたと一時間茹でます。竹串を刺してすっと通るほど軟らかく炊けたら水にとって冷まし、洗います。皮を剝くのはここです。これが下拵えの全て。

さあ筍を観察してみてください。触れてみれば穂先の部分はごく柔らかく、元は硬く締まった肉質であることがお分かりになるでしょう。十数センチの間に全く異なる歯ざわりが同居しているのですから、各部位、その性にあった使いまわし方をお考えください。

ここでは穂先から中程までを使った炊き合わせと、根元を使った筍ご飯をご紹介いたしましょう。

春の御馳走、炊き合わせ

まずは筍を切り分けます。筍は元と中程、穂先とで作りが違いますから、どこをどう切ればよいかで庖丁がはたと止まる方もありましょう。炊き合わせの場合、穂先は縦四つに割り、中程は厚さにして二センチほどの輪切りにし、それでも大きければさらに半分に切るとよいでしょう。

きつく絞った布巾で表面をさっと清めた上等の昆布を鍋底に敷き、切った筍を並べます。そこへ筍が被る量の薄口醬油や酒で味加減した一番出汁(詳細は拙著『あなたのために』(文化出版局、二〇〇二年)をご参照ください)を注いで火にかけます。煮立ったら火を細くし、さらに一時間ほどゆっくりと煮含めます。ここで鰹節の芯を加えて炊いてもよいと思います。

この筍と相性のよいのがワカメです。ワカメは洗って食べやすい大きさに切り、筍の煮汁を別鍋に適量とったものへ味醂と薄口醬油で加減し、これを煮汁としてさっと炊きます。ワカメは炊きすぎると溶けてしまいますからご注意を。これでも十分ですが、さらに蕗《ふき》を添えても結構かと思います。蕗の茎は塩を振って板ずり(まな板の上でごろごろと転がす)し、洗わずにそのまま茹でます。冷水にとって冷ましたら、根元の太い側から皮をすーっと剝き、食べよい長さに切ったあと、これも味加減した出汁で炊きます。蕗は歯ざわりを楽しむものでもありますから、あまりくたくたに煮ないほうがよいでしょう。

炊き上がった筍とワカメ、蕗を一緒に盛り付けたら、仕上げに必ず木の芽を添えてください。これで画竜点睛。木の芽は店で買うと高くつくものですから、ご自宅のベランダに鉢植えを一つお持ちになるとよいでしょう。木の芽があるのとないのとで、格段の違いが出ます。

歯触り第一の筍ご飯

次に筍ご飯をご紹介しましょう。豚の角煮などのこってりした肴が続いたあとに、筍ご飯はまことに好適なるものです。これは筍の根元を使って作るのですが、ここは一本の中で最も歯ごたえのある部分ですから、これをいちょう切りにしたもので筍ご飯を作ると、ご飯粒と筍とがばらばらになり、どこかしっくりしない食べ心地になります。これは歯のよくない方、特に年配の方には召し上がりにくいものなのです。長年このことに引っかかっていましたが、千切りして作る筍の佃煮を友人から教わったことで、急に突破口が開けました。筍ご飯の筍も、この千切りの要領で切ればよい。そうすれば、米粒と筍とがよく絡んで非常に食べよいものになるのです。

作りやすい分量で書いてみましょう。茹でた筍の元の部分を出来うる限り、薄く薄く、輪切りにします。それをさらに千切りにしておきましょう。千切りにした状態で山盛り一カップもあれば十分。あとは米四合を研ぎ、白ご飯を炊く要領で水加減します。そこへ五センチ角の昆布を三枚、酒大匙二、薄口醬油大匙二、塩小匙三分の二、千切りにした筍もここで加えて一緒に炊きます。召し上がるときはもちろん木の芽を添えて。

こうして作れば、普通の筍ご飯のように口の中でご飯粒と筍がばらばらにならず、上等の食べ心地が手に入りますが、書いてしまえばこれだけのこと。頭の片隅になんとなく違和感を持ち続けていたことが、ある出会いによってパッと解消される。そういうことはあるものです。

筍には皮とも身ともつかぬ部分、甘皮がありますが、この部分は細切りにして、ワカメを加えたお清しにしてもいいでしょう。筍のやわやわとした歯触り、あるかなきかの淡い香りを楽しむためにも、これには澄みきった一等よい一番出汁を使い、醬油や塩で味加減してください。ここでも木の芽をお忘れありませんように、念のため。

母のおまじない

筍を扱っていると、新しい季節の始まりを強く感じます。四月が年度改めの月でもあるからでしょうか。冬をようよう越して、また春が巡ってきたという喜び。その喜びを嚙み締める瞬間に、また生々流転する自然の暦が新たにめくられたように感じられます。

思えば我が家でもどれほどの筍を食してきたことか――と思うにつけ、永く忘れていたことを思い出しました。筍には「お隣の竹をうちへ招くなら、動物の角を埋めておくと竹が誘われて伸びてくる。反対に竹の根を封じたければ海藻を埋めるべし」という言い伝えがあるのです。いつだったか、庭に竹が入り込んで困っていた母・浜子がこのことを聞き及んで、昆布を埋めたことがあります。不思議や不思議、次の年から竹は全く出なくなりました。なぜ竹が昆布を忌避するのか、そのからくりは未だに謎のままです。あれは単なるおまじないだったのでしょうか？

今回は筍料理の紹介のみとなりましたが、筍はそれほど集中して取り組む甲斐のあるものなのです。他にもグラタンや佃煮など、筍料理でお教えしたいものは幾つもありますが、「お肴」の連載なれば、酒に好相性の炊き合わせ、〆のご飯、汁物をご紹介することといたしました。

皆様、ごきげんよう。

五月　花と風の月

風薫る五月でございます。
鳥の囀《さえず》りに誘われて庭へ出てみると、洗ったような青葉の瑞々しい美しさ、また木立を抜ける風のなんと軽やかなこと。桜花の季節が駆け足で過ぎてしまうとあっという間に葉桜ですが、その若葉を透けて通ってくる光の柔らかいことと言ったらありません。初夏の光を受けて輝く、生まれたてのいのちの初々しい美しさを何にたとえましょう。夏に向けて色を増す直前の緑の美しさに、心動かぬ方はありますまい。

眼を移せば、我が家の庭には競うように花が咲き乱れております。凜とした濃紫《こむらさき》のあやめ、杜若《かきつばた》、長くしな垂れて咲く山藤。五月は紫の季《とき》でもあるようです。花を生ける方はご存知かと思いますが、この藤は花材としての扱いが難しいものの一つと言われ、ただ生けてもすぐにぐったりしてしまいます。つまり水揚げしにくい植物というわけですが、お酒を吸わせて養生すると水が揚がるのだとか。不思議なお話ですが、本当でしょうか？　お酒を飲ませるとかえってしゃっきりするというのも、考えてみると可笑しなことです。

また五月になると、卯の花とも呼ばれるウツギが白い花を盛大につけ始めます。緑に染まる庭の中、ウツギの真っ白な花は優れた点景となっています。

風に誘われてつい、庭の中をそれからそれへ歩いておりますと、今度はライラック（リラ）の花が芳《かぐわ》しい風を送っているのが目より先に、鼻から知られます。その風を受けて射干《しゃが》の花は楽し気に、また睦び合うように揺れて――と、こう書いていてすら、まことに夢のように美しい五月の庭が眼に浮かぶのです。

一年のうちで最も気候に恵まれる五月は暑からず、また寒からず。冷えひえのビールを飲むにはまだ少し早い日もあるけれど、何かさっぱりしたお酒を、という方もおいででしょう。日本酒に相性のよいお肴だけでなく、今月はワインやシャンパーニュに合う品もお教えいたしましょうか。

忍耐の味

ところで皆様は、椎茸の旬をご存知でしょうか。年中出回っていますから旬のあるものとは思われない方もありましょうが、椎茸には春と秋の二度、旬があると言われています。それぞれ春子、秋子といい、味も結構ですから、努めて召し上がるようになさってください。私がいろいろの媒体でお教えしている「椎茸のコンソメ」というスープには、特殊な多糖類が含まれているらしく、免疫力を高める薬効もあるようです。それでなくとも春の椎茸の味・栄養は酒飲みにも是非、とお勧めしたいものですから、今月はまず椎茸のデュクセル——キノコを玉ねぎやエシャロットなどのこまごまと一緒に炒めて旨味を凝縮したもの——の作り方から始めたいと思います。

その前にひと言。椎茸のデュクセルは、書いてしまえば何ということもないほど単純な料理です。ただし、非常な忍耐が必要です。椎茸を一定の大きさに刻まねばならぬからです。とにかく無心に、一定の調子で刻むことが肝心。この手の作業に向き不向きはあるでしょう。しかし、レバーペーストを塗った全粒粉のパンの上に、このデュクセルを塗って召し上がってみてご覧なさい、ワインとの相性抜群、まことに堪えられぬ味ですから。いくら忍耐を強いる料理といっても、その忍耐に十分応えてくれる美味であることは保証いたします。

デュクセルという言葉に馴染みのない読者もおられましょう(フランス人の名前だとか?)。繰り返しになりますが、デュクセルというのは、一般には、マッシュルームやセロリ、エシャロットなどをごく細かく刻んで炒め、クリームやブラウンソースを加えて煮詰めたものを言います。その濃厚な舌触りはどこかバターを思わせるもの。今日ここでお教えするデュクセルはマッシュルームではなく、栄養満点の春の椎茸で作ります。名付けて「デュクセル・ア・ラ・タツミ」、さあ始めましょう。

生椎茸を六〇〇グラムご用意ください。このところびっくりするほどお安い椎茸が出回っておりますが、飛びつく前に産地をお確かめ願います。椎茸は産地、育て方によって、質に雲泥の差があるからです。一般に椎茸は、クヌギの蜜をうんと吸って、丸々太った、ずっしり持ち重りのするものがよいのです。丹精して育てられた良質の椎茸は無論、お値段も安いとはまいりませんが、生産者を支えるためにも、是非そうしたものをどうぞ。大分県に良品がありますが、消費者が安価なものしか求めなくなれば、手のかかる品物が世の中から消えてしまうのは道理。消えてしまえば復活させるのも、倍の苦労くらいではすみません。

まず石づきを取り除き、さらに椎茸の軸と傘とを庖丁で切り分けます。両方とも無駄なく用います。硬い軸は一・五ミリのみじんに刻みます。一・五ミリというのはどのくらい細かい刻み方か、実際に手を動かしてみられると直ちにお分かりになりますが、椎茸を一・五ミリのみじん切りにするのは非常に骨です。やはり庖丁を持ちつけない方にとっては難しいでしょう。何しろ根気のいる作業ですが、忍の一字、無心でどうぞ。三ミリまでならよしとしましょうか。傘のほうはもう少し粗く刻んでも結構です。玉ねぎ二〇〇グラム、ニンニク一片も同様にみじんに刻みます。デュクセル・ア・ラ・タツミで辛抱を要するのはここまで。

蓋付き鍋に大匙二のオリーブオイルを入れ、玉ねぎとニンニク、ローリエ二枚を加えます。火を点ける前に、野菜に油をしっかりまぶすつもりでヘラを動かしましょう。すっかり混ざったところで蓋を着せて、ここで初めて火を点け、弱火でじっくり炒めます。玉ねぎやニンニクの刺激臭が収まったらまずは椎茸の軸を、続いて傘の部分を加えて炒め続けましょう。鍋蓋を開け閉めするときは、露（蒸気の滴り）を鍋の中へ落とすようにしてください。

しんなりしてきたら白ワインを三分の一カップ、鶏のブイヨン(洋風出汁)一と四分の一カップ、塩少々を加えます。このまま弱火を保ちつつ、焦げつかぬよう時々混ぜ返してください。水分が飛んでペースト状になってきたら、チーズおろしでおろしたパルミジャーノ・レッジャーノを適量(大匙六くらい)混ぜれば出来上がり。薄く切ったパンにのせて召し上がれ。

椎茸のステーキ

もう少し簡単で、しかも美味しい椎茸の召し上がり方もご紹介しておきましょうか。それは椎茸のステーキです。ごく肉厚の、上等な椎茸が手に入ったときには特にお勧めします。料理法と言っても、書くほどのこともありません。掃除した椎茸を、襞《ひだ》が上になるようにしてフライパンに置き、火を通したところへ濃口醬油、酒(白ワインでもよい)を注ぎ、煮えがついたら出来上がり。簡便で、しかも至って美味しいワインのお供になります。日本酒にももちろん好相性、芽葱のような香りの優しい葱のこまごまを振りかけても結構です。

卯の花

大豆から豆乳を絞った滓《かす》を、一般にはおから、と申しますが、また雅にもこれを卯の花と呼ぶことがあります。これをあえて五月のお肴と申し上げるわけではありませんが、この月になると卯の花(ウツギ)が花盛りを迎えるのに事寄せて、卯の花の食べ方もご紹介しておこう、と思い立ちました。

懐かしく思い出すのは、ものが少ない昔でも、この卯の花だけは食卓にたっぷり用意できたこと。何しろお安いものですから、お内証の苦しいご家庭では、卯の花を使った料理が家計を助けたと思います。卯の花は栄養学的に言っても非常に優れた食品です。

少々お話が逸れますが——日本の食料自給率の低いことは皆様、ご存知かと思います。外からの憂いが直ちに食糧不足に繫がる可能性も、この国では一応考えておかねばなりません。そういう事態が出来《しゅったい》することのないよう政治に期待する一方、いざとなったら何をどう食べて凌ぐか、常から考えておかねば、いざというときに世の中は蜂の巣を突いたようになるかも。大豆、そして米だけは手放さぬよう、また日頃から食べつけておかねば、と考えます。

卯の花というものは、家畜の飼料にするくらいのものですから(尤《もっと》も、飼料にされているのは微々たる量で、大部分は廃棄されております)、数百円も出せば食べきれないほどの量を買うことができます。そして卯の花は、大変足の早い食べ物です。全く保存がききません。お一人暮らしの方ですと、持て余してしまうかもしれませんから、一度お作りになってみて、次から分量は加減なさってください。

まずは鍋に胡麻油かオリーブオイルを大匙二ほど引き、これでカップ四の卯の花を炒ります。火は中火以下、焦がさぬようご注意ください。

具は烏賊《いか》の足とえんぺらを二杯分、人参が一〇〇グラム、干し椎茸を四枚といたしましょうか。烏賊は下拵えが済んでいないものでしたら、はじめにえんぺらの皮を剝き、足先や吸盤を庖丁で落とします。別鍋で炊いて下味をつけます。鍋に酒・砂糖・醬油をそれぞれ大匙二と二分の一、水が半カップ、塩少々を加えておき、まず細かく切った烏賊を炊き、次に細く刻んだ人参や水で戻して薄切りにした干し椎茸を加えて炊きます。この具を、最前から炒っている卯の花に煮汁ごと混ぜ、全体がさらりとするまで炒りつけます。これでおおよそ出来上がりですが、さらに葱や、塩茹でした上で小口切りにしたさやいんげん、麻の実を加えるとなおよし。大きな鉢にざっくり盛り、針生姜を添えて召し上がれ。酒の肴というよりはお菜と呼ぶべきものかもしれませんが、お酒との相性も大変結構かと思います。

風爽やかな五月に、時ならず長雨の続くことがあります。この雨を「卯の花腐《くた》し」と呼びますが、外にも出られずただぼうっと窓の外を眺めていると、普段忘れているこの言葉が不意に心に浮かんでくることがあります。卯の花腐しの雨を経て、一枚カレンダーをめくると、もう本格的な梅雨の季節。五月の清澄な空の色から一転、急に照明を落としたような日々が待っています。

皆様、今のうち窓を開け放って風を入れ、加減よく冷えたワインをお楽しみください。

六月　雨を聴く日々

ご機嫌いかがでしょうか。雨の月を迎えました。

私の暮らす鎌倉は春夏秋冬、観光の方が途切れるということがありません。六月はアジサイ目当てという方が多いようですが、人を集める有名なお寺だけでなく、気をつけてみるとアジサイは街中そこここに。色も爽やかな青から、赤味の勝ったものまでとりどり。もちろん我が家の庭にも、アジサイが植わっています。雨に光る大きな葉っぱの上を、蝸牛《かたつむり》がそろーりそろり。這った跡は虹色に光っております。

梅雨の季節というのはどういうわけでしょうか、鈍色の空のせいか、気分が晴れないのと同時に、体の調子まで崩す人が少なくないようです。五月まではいかに暑いといってもまだ春のうちですが、雨降りの六月、気まぐれに晴れたと思うや気温もぐんぐん上昇して、まるで真夏のような陽気になることも。体が暑さに馴れていないところへ急な気温の上昇で、早くも熱中症の心配が出てくるかと思えば、肌寒いような日もあり、調子が出ないのもやむを得ないことなのでしょう。

梅雨という言葉の語源はいろいろあり、これと決めることは難しいようですが、やはり梅の実が熟す頃に降る雨、と考えるのが自然に思われます。

実際我が家ではこの時期になると、梅雨の雨を二、三度浴びた梅を捥《も》いできて、梅干しはもちろん、あるものは煮梅にしたり、またあるものは梅肉エキスにしたりと、忙しい毎日が続きます。

梅干しの効用は、説いて説ききれぬほどです。ものの味を引き締めるといった調理上の有用性はもちろんですが、何より梅干しは古来、その防腐・殺菌の効能が謳われてきた、類い稀なる保存食でもあるのです。日本なら災害時、あるいは政治的・経済的な困難から衛生的な暮らしを営むことのできない諸外国の方々にとって、もっとも恐ろしいことの一つは、感染症がはやることです。不衛生な場所に大勢の人間が寄り集まっていると、突如病が起こることがある。私はそのときに梅干し作りの副産物である梅酢が役立つのではないか、ぜひ目を向けていただきたいと考えています。ところがこのところ、梅干しを手作りなさる方が少ないのは、全くもって残念というほかありません。

とはいえ、庭付き一戸建てという方ばかりでもなし、お休みも週末だけとなれば、各家庭で梅干しを漬けて欲しいとは、今日日、無理な相談かもしれません。私たちの暮らし方そのものが、こうした仕込みもの作りを難しくしているようなところがあるわけです。一週間、一カ月、そして一年――と、ひと続きのものに感じられた暮らしは今や細切れになり、なんとなく忙しなく、息切れを感じさせるような世の中。しかし、そういうときこそ仕込みものの出番ではないでしょうか。段取りを考え〳〵、単純な動作を繰り返し〳〵――そうするうち、気持ちがものに寄り添い、心は鎮まってくるはずです。手数をかけて拵えた仕込みもののある風景というものは、想像するだになんとも穏やかではありませんか。

そういえば酒飲みにぴったりな仕込みものもあるのでした。

夏に欠かせぬ仕込みもの

らっきょうの香気はともかく、歯触りを嫌う方はありますまい。独特の味、香りがありますから、どんな料理、酒にも合うとまでは申せませんが、外国料理の中にも全く驚くような相性のよさを見せるものがあります。例えばロシアのボルシチ、ドイツのソーセージ。らっきょうはどんな場所でも育つというものではありませんから、日本国内の産地でらっきょう栽培を奨励し、うんと作って彼の地へ出してみてはどうでしょう。らっきょうの輸出なら、至って平和的なのではないかしら？

それでは早速らっきょう漬けの作り方を。

らっきょうが出回っている時期は思ったよりも短いですから、見つけたらすぐに買ってきましょう。手に入れたら直ちに、清潔に洗い切ることが肝心です。特にひげ根とその付け根の部分は土が残りやすいので、念入りに洗いましょう。気温が上がるといつも以上に台所仕事の衛生面が気に懸かります。お作りになるときには清潔第一を心がけてください。この段階では洗うだけで、根を切る必要はありません。

掃除が済んだら下漬けにかかります。水と、水の分量の八パーセントに相当する塩を合わせて一旦煮立て、冷ましておきます。これが下漬けに用いる塩水です。塩水に漬けることで、らっきょうの成長を止めてしまうわけです。

下漬けしたらっきょうを基本として、あっさりした塩らっきょうに、食べやすい甘酢漬けにと作り分けることができますが、暑い盛りにお酒と一緒に召し上がるには、塩らっきょうのほうがよいでしょう。

塩らっきょうなら三、四日も下漬けすれば十分でしょう。その後らっきょうを水の中で洗うと、薄皮や千切れたひげ根が浮いてきますから、まずはそれをきれいに取り除きます。

次に下漬けで用意した塩水と同じ要領で、今度は五パーセント濃度の塩水を作ります。この中にらっきょうを入れ、落とし蓋をします。蓋が浮き上がらない程度の重石をして冷暗所に置いておきますと、一週間ほどした頃からプツプツと気泡が立ってきます。さらに一週間ばかりすると、今度は塩水の表面が真っ白い膜で覆われるようになりますが、そのまま置いておきましょう。漬け始めて一カ月ほどしたところで漬け上がりとなります。

ここで初めて、らっきょうの両端(つまり茎になる部分とひげ根)を切り落とし、さらにもうひと皮剝きます。味をみて塩がきついようでしたら、水に漬けて塩を少々吐かせてください。

塩抜きしすぎないように、時々加減をみたほうが安心です。

らっきょうは暑気払いにもなると言いますが、眼からも涼をとるために、例えばガラスの器に砕いた氷を敷き、その上にざんぐりと盛って召し上がってみてはいかが?

サイスさんのメルバトースト

気温が高くなると、肴に手数をかけることはいつも以上に億劫になるのが普通と思います。まとめて作り置きのできるものとして、今月はメルバトーストをお教えしましょう。その前に少しだけ、昔話を。

今から三十年ほども前のことでしょうか、朝九時から夕方四時まで毎日、スペイン料理のシェフ、サルバドール・サイス氏の仕事ぶりを見学するために、東京へ通ったことがあります。場所は確か京橋・明治屋だったと記憶します。サイスさんは、バルセローナにあるホテル・プリンセサ・ソフィアの総料理長だった人物。

彼の地では料理人の社会的地位が相当低く、苦労の多い仕事であることを知ってのことだったのでしょうか、年若いサイスさんはいきなり料理の世界に入るのではなく、まず学問を修めたい、と考えたらしいのです。大学を出てから料理の世界に入ったということで、当時は珍しい「大学出のシェフ」と呼ばれたようですが、後年、ヨーロッパの料理界全体に影響力を持つ立派な方になられました。

スペインのシェフがどうしてはるばる日本に来たのか、と不思議に感じる方もありましょうが、あの頃の日本では、欧州から時々こうして人をお招きし、講習会をしていたものなのです。サイスさんを招聘したのは外国、特にイタリアと日本の文化交流に力を入れていた文《ぶん》流《りゅう》という会社の、西村さんという方だったと思います。その文流がスペイン料理界の実力者としてサイスさんを日本に招んだのでしょう。

サイスさんには様々なスペイン料理の作り方を見せていただきました。この講習会に感心した私は、サイスさんの仕事ぶりを再度拝見するつもりもあって、のちにスペインを旅し、ホテル・プリンセサ・ソフィアへも参りました。その折、最初に出してくださったのがメルバトーストなのです。なんでもない料理ですが、そのプレゼンテーションは素晴らしいものでした。生ハムにオリーブを散らして一皿とし、また別皿にメルバトーストを並べてパッと出してくださった。お酒はやや冷えたぶどう酒です。あのときは感心しました。

メルバトーストは誰にも易しく作ることができ、それでいて洒落たおつまみ。読者の皆様にも是非お試しいただきたく思います。材料も手に入れやすいものばかり。バゲット（フランスパン）、ニンニクを一欠け、オリーブオイル、これだけです。

バゲットを一本、パン屋で求め、薄めに切っておきます。次にニンニクを薄切りにし、小さな鍋に入れます。そこへオリーブオイルを三分の一カップ注ぎ、弱火でじっくり熱します。このとき火力が強いと、ニンニクは瞬時に焦げてしまいます。焦げると香りが悪くなるだけでなく、油に苦味が移り、味の劣ったものになりますから、ごく弱火で、決して目を離さず加熱なさってください。

ニンニクの香りがオリーブオイルに移ったら、このオイルを先ほど薄切りにしたバゲットに刷毛で塗りつけ、あとはオーブントースターでこんがり焼くだけ。そのまま置いておくとメルバトーストが湿気を帯びますから、粗熱がすっかり取れたら瓶に詰め、きつく蓋をしておきましょう。そのまま一週間ほどは美味しく食べられます。

このメルバトーストに、チーズを切ってのせてもよいし、トマトソースを塗ってもよいのです。トマトソース自体も簡単に美味しく作れますから、本を見ながらいずれご自分で作ってみてください。このソースをイタリアではサルサ・ポモドーロ、スペインではサルサ・トマテと言います。

梅雨の晴れ間、青空広がる休日の午後、冷やしたビールを片手にメルバトーストをサクッ。その軽やかな美味しさは堪えられません。雨の季節はもうしばらく続くことと思いますが、梅雨が明けてしまえば本格的な夏空の広がる日々。体力のない方には一層凌ぎがたい毎日となります。来月は「夏を迎え撃つ」ための食べ方をご紹介いたしましょう。

皆様、どうぞお元気で夏をお迎えください。

七月　夏を迎え撃つ

梅雨が明けて七月も半ばを過ぎると、いかにも夏空と言いたくなるようなお天気が続くようになります。雨をたっぷり飲んだ木々の緑は一層色を増し、日の光を受けようと一生懸命、枝を広げている様子。海の日を過ぎれば、子供たちが待ちに待った夏休みに入ります。宿題もたっぷり出ているのでしょうが、蟬の声、近所の子供たちの声も聞こえているのに、机にかじりついているのはちょっと無理があるのかな？　街には黄色い歓声が溢れております。

鎌倉・鶴岡八幡宮からまっすぐ伸びた若宮大路の先には、相模湾が広がっています。突き当たり左が材木座、右が由比ケ浜、そのまた向こうが稲村ケ崎、七里ケ浜、そして江ノ島と続きます。海開きが済んだ砂浜には、色とりどりのビーチパラソルが立てられ、その下で若者たちが思い思いに夏休みを過ごしています。南国のような白砂とはまいりませんが、浜には様々な美しい寄りもの
が打ち上げられております。寄りものというのは浜辺の漂着物のことですが、波にやさしく洗われながら遠い島、深い海の底から浜へとそっと吹き寄せられた種々《くさぐさ》のものたちといった風情、詩情溢れる表現と思います。

浜に黒々と独特の存在感を放つのはワカメ、ひじきの類。夏の光を受けて輝く、薄い桜貝の二、三片。稀には宝貝も打ち上げられています。

私の耳は貝の殻　海の響《ひびき》を懐かしむ
（ジャン・コクトオ「耳」より　堀口大學訳）

貝殻から目を転じて砂粒に目を凝らしてみると、雲母でも含んでいるのでしょうか、砂の中にきらきら輝くものが混じっております。強烈な夏の陽は海の水に反射して眩《まばゆ》い光の粒に分解され、その夢のような磯で小さな蟹やヤドカリがあちらへ、またこちらへ忙しげに働いています。涯なく広がる海を眺めていますと、灼けた夏の浜辺の光景が永遠のもののように思われ、思わず時を忘れます。

夏休みになると子供たちは一層元気になる一方、大人たちは概してぐったり。世の中はクールビズと言いながら、さりとてネクタイを省略することには躊躇いを感じるというお勤め人もまだいらっしゃることでしょう。外気は湿気を帯びてベトベト、オフィスに入るやキンキンに冷やされ、その温度変化についていくのは大変です。夜は熱帯夜で、恒常的に寝不足という方も多いはず。これでぐったりしないわけもありません。暑気《しょき》中《あた》りにならぬよう「夏を迎え撃つ」心構えで、それに相応しいお肴をいくつかご紹介いたしましょう。

「食べつかせる」

まずは暑さにやられて箸を取る気もしない、という方のために。食べるのは億劫でも飲むことなら、という考えで、手始めにガスパチョをお教えします。

ガスパチョというのはトマトや胡瓜、玉ねぎなどをすり潰して作る、ニンニクの風味豊かなスペインの冷たいスープのことです。食べるような、飲むようなものですから、食欲の湧かない人を何とか食べつかせるのにもってこい。酒の肴というよりは、体を労るために飲む、酒の合いの手とでもお考えください。ここには基本的な作り方を記しますが、ニンニクを除いたり、あるいはレモン汁を加えたり、材料は適宜加減してください。

まずよく熟れたトマトを一・五キロ、ご用意ください。皮を剝き、ぷるぷるした種は取り除いて別にとっておきます。果肉部分は裏漉しし、汁を集めましょう。この汁と先ほどの種を一緒にして冷蔵庫で冷やしておきます。

次に擂り鉢をご用意ください。鉢に塩を適量とり、皮を取り除いたパン（バゲット）の薄切り三枚分、ニンニク一片、オリーブオイル大匙一と二分の三を加えて、擂り粉木でよく擂り混ぜるのが美味しく作るコツです。パンを入れるのはオリーブオイルがトマト汁と分離しないようにするため。よく擂れたら、冷やしておいたトマト汁を少しずつ加え、擂り伸ばします。ここで一度味をみて、好みでワインビネガーやレモン汁、塩を加えて味を決めます。あとは冷蔵庫に収め、再度よく冷やせば完成。召し上がるときは胡瓜や玉ねぎ、セロリのみじん切りを浮き実に添えるとなおよいでしょう。夏の野菜をスイスイと気持ちよく召し上がるのに、スープ仕立てにするというのはよい方法と思います。

胡瓜のこと、二つ三つ

夏に美味しくなる野菜の代表は、胡瓜でしょう。
胡瓜に限らず、冬瓜や西瓜《すいか》など、瓜には利尿作用が備わっており、腎を助けるのだとか。夏に美味しくなる瓜類を努めて召し上がることは、まこと時宜に適ったものと申せましょう。中でも、私たちに最も身近な胡瓜の扱いについては、これまで色々の本で胡麻酢和え、塩揉みなど紹介してきましたから、具体的なレセピはそちらでご覧いただくとして、ここでは母・浜子から聞いた胡瓜の扱い、それも皆様があまり注意なさらない点を、備忘録代わりに記しておこうと思います。

母の教えは、畑の胡瓜を捥ぐところから。胡瓜の株を傷めぬよう、「鋏でパチリと切って」と申しておりました。「収穫した胡瓜は、切り口を下に向けておくんだよ、そうすると苦い水が抜けるから」とも。胡瓜のなり口が中程とは違ってやや苦いこと、また歯ざわりも違うことは皆様もお心当たりがあるでしょう。

和え物を作る際は、まず胡瓜に軽く塩を当てて数分休ませ、洗わずそのまま薄く切るわけですが、このとき、紙のように薄く切ってはなりません。トントンと調子よく刻むのは気持ちのよいものですが、その調子に乗って胡瓜をペラペラの薄造りにしては台無し。「胡瓜はざくっとした歯触りを楽しむもの。嚙むに伴って青い香気がぱっと口中に広がる程度に切るべし」。これも胡瓜を美味しく食べるコツの一つです。刻んだ胡瓜はそのまま塩を馴染ませ、軽く絞って味をみます。塩加減を確かめた上でさらに酢を加えたり、胡麻酢和えにして召し上がるとよいでしょう。胡瓜揉みは酒席の箸休めにぴったりの一品です。

最後に「ブイイ」という、煮サラダをお教えしましょう。

夏こそ温かいサラダを

ブイイという料理をご存知でしょうか？　ブイイはこの頃、あまり作る方のない料理です。ブイイ(bouilli)というのはフランス語で「茹でられた」という程の意味。ここでは煮サラダのことを指します。サラダというと、パリッとしたレタスの葉を連想しますが、それではなかなか量を食べることができません。ブイイは水を使わず、野菜の水分だけで味を作る料理、是非お試しください。作りやすい分量を記しますが、お一人の方は量を加減なさってください。この半量でも十分、食べ出があります。

まず鶏の手羽元を八本、掃除して水気を除いておきます。ベーコン四枚はさっと湯引きしておきましょう。これら動物性の蛋白質がサラダにコクを与えるのです。

まずベーコンを鍋でじっくり焼き、脂を吐かせます。適度に脂が抜けたらベーコンを取り出し、丁寧に鍋の脂を拭っておきましょう。この鍋にオリーブオイル(徐々に使うが、全量でカップ三分の一ほど)、薄く切ったニンニク三欠け分、ローリエ二枚を入れて油に香りを移します。ニンニクは焦げると途端に苦味を生じますから、色がついたら取り出します(捨てない)。この油で手羽元を焼き付けます。火が通ったのを確認したら取り出し、鍋に白ワインを適量注ぎ入れます。これで鍋肌の旨みをこそげ落とし、別皿に取っておきます。

ブイイに用いる野菜を確認しましょう。皮を剥いた小ぶりのじゃがいも、同じく小ぶりの玉ねぎ(丸まま)がそれぞれ六個。六つ割りにした人参二本、これらは薄い塩水で固茹でしておきます。茄子は縦に二つ割り、塩をしてアク出しし、さっと水洗いしておきましょう。胡瓜二本はぶつに、トマト四顆は半分に割ります。ピーマン五個は四つ割りにして種を除きましょう。セロリ二本は筋を取り除いてぶつ切り、いんげん十本は同じように筋を取って半割りに。かぼちゃは二センチの厚さに切ります。キャベツの葉十枚は、葉脈の太い部分を切り分けて斜め切り、そのほかは手で大きくちぎっておきましょう——皆様野菜の量に驚かれたのではないでしょうか?

大鍋にオリーブオイルを入れ、皮を剥いた玉ねぎ六個から焼き付けていきます。玉ねぎの表面が透けてきたら、油を足しながらセロリ、かぼちゃ、キャベツの葉脈、茄子、胡瓜、ベーコン、ピーマン、いんげん……と順に加えていきます。それらがある程度柔らかくなったら人参、じゃがいも、トマト、手羽元も加え、先ほど別皿に取っておいた白ワインを注ぎ、ニンニクを戻し入れます。おしまいに、ちぎったキャベツの葉で蓋のようにして鍋を覆い、さらに蓋を着せて蒸らし煮します。全体がしんなりしたら出来上がり。

材料が多いので大掛かりな料理のように見えますが、調理法としては至ってシンプルなもの。生のままでは到底食べられぬ量の夏野菜を美味しく召し上がる方法として、ブイイをお勧めしておきますが、合わせる酒としてはやはり白ワインがよろしいでしょうね。

実を言えばこのブイイ、発想の元は私の母・浜子が必要に迫られてひねり出したと言ってもいいのです。目を離すとつい外へ遊びに出てしまう子供たち、夏休みの宿題を監督するのに、火にかけておけば自然にできる料理はないものか、という工夫の賜物だったらしい。母のレセピに私が手を入れ、ここにご紹介した恰好に落ち着きました。

いつのことだったか、フランス系カナダ人神父ガブリエル・ブドローさんは浜子のブイイを召し上がって、ご自身のお母様の味を思い出されたのでしょう、歓声を挙げておられたことを憶えております。ブドローさんのお母様は、鍋をオーブンに入れてから教会へお出掛けになったとか。教会から帰ってくれば、もう美味しいブイイができているという段取り、一家揃っての楽しい昼食の様子が目に浮かびます。

ブドローさんの歓声を受けて、「どこの母親も考えることは同じなのね」と浜子がぽつり。この言葉が今でも忘れられません。母の呟きが今も懐かしく、耳朶に残っております。

八月　八月十五日のトマトジュース

夏、日の盛り。梢の緑は色を濃くし、遠く道の上にはもやもやと陽炎《かげろう》が立っております。こうなってしまってはとてものこと、打ち水くらいでは涼を取るべくもありません。まさに炎天、その只中でただ蟬だけが命を削りつつ、声を張っております。夏の午後には、時間が静止してしまったような、あるいはどこへ向かって進んでいるのか判らぬような、不思議な感覚があります。

暑いときは室内を暗くして、ともかく風の立つのを待つよりほかありません。庖丁を取るのがどうしても億劫になる月。暑さに苛まれては深くものを考えることも難しく、ただとりとめなく、古い思い出を取り出したり、仕舞ったり。そういえば――。

七十から上のお年で、八月という月に何の感慨も催さぬ方はおられますまい。この月になれば私もまた、灼けつくように暑かった一九四五年の夏を思い出さぬわけにはいきません。どこもかしこも焼け野原、それが短い間に「もはや戦後ではない」と言われるようになって、早や数十年の月日が過ぎました。全くもって光陰如箭。

とはいえ、「もはや戦後ではない」という言葉の意味も、少し変わってきたようにこの頃は肌で感じております。今日この日が将来、戦前と呼ばれるようなことのないように、と不戦の誓いを新たにしつつ、今年も暑い八月を迎えました。

この月になって繰り返し思い出すのは、やはり母・浜子のことです。日本の敗戦が決定的となったとき、父は外地にいて音信不通。母と弟二人は、名古屋・東春日井郡篠岡村というところにいました(今は小牧市と名前が変わっています)。

さてこれからどうしたものか、と婚家にいた私は、全く一寸先も見えないような心地でした。そのとき驚かされたのが、母の素早い動きです。「もたもたしていたら東京に帰れなくなる。ちょっとうちを見てくるから」と私たちに言い置いて、母は直ちに汽車に飛び乗り、ひとり東京の家へ急ぎました。

当時辰巳の家は、東京・長者丸にありました。ようやっと母が帰ってみると、奇跡的に家は焼け落ちることもなく建っていました。どこもかしこも焼けてしまったのに幸運にも焼け残ったのは、白金の自然教育園に隣接したところだったからでしょうか。

さて、名古屋から駆けてきた母が一番にしたことはというと、これが種蒔きなのです。名古屋暮らしで慣れていた畑仕事に、母は直ちに取り掛かったのです。まず木を伐り、根を掘り出して庭を畑にし、どこからどうやって都合をつけたものか、母は野菜の種を蒔きました。みんな一緒に東京の家に帰ってきても、当分はしようがない。自分一人が先に戻って種だけ蒔いておけば、家族が揃う頃には幾許《いくばく》かの食べ物が調達できるかもしれない、という頭だったのです。国難をうまく乗り越える母の機転でした。

それからしばらく経ち、皆が揃って長者丸の家に戻ったとき、待っていたのは、ギラギラと照りつける太陽の光を受けて色付きつつあるトマトでした。このトマトが私たちの飢えと渇きをどんなに癒してくれたことでしょう。すっかり熟れてから母が作ってくれたトマトジュースの味は、忘れがたい。冷蔵庫という便利なものが普及する前のことですから、当節のようなキンキンに冷えた飲み物とは違いましたが、当時としては何物にも代え難い甘露です。甘みと酸味の、バランスのよさ。物のない時代のこと、母が私たちに飲ませてくれたトマトジュースの味は、一生私の記憶を去らぬものの一つです。あの味を思うと、命を削る蟬の絶唱も、梢を抜ける風の音も不思議に聞こえなくなり、ただ思いだけがあの、灼けついた一九四五年の夏へ一直線に飛んでゆくのです。

私は後年思うところあって、豆を蒔き、苗を世話し、収穫するという一連の畑仕事をしてもらう「大豆百粒運動」を興しました。全国の小学生が参加、何事かを学んでくれたと信じておりますが、これは無論、大豆の育て方を教えるためではなく、事があれば自分の才覚で食べ物を用意できる人間を増やしておきたい、との思いゆえ。人間は食べ物を握られてしまったらいかなる要求も呑まねばならなくなるのですから、食料自給率の低い日本にあって、事は重大と考えます。酔いも覚めるようなお話ですが、ものを書いて発表できる立場にある人間が、御馳走の話だけ書き連ねるのは無責任と考え、あえて書き記す次第です。

それにしても冷たい料理、飲み物の冷やし加減というのは、熱いものと比べてなぜこうも難しいのでしょうか。夏の台所では、井戸水で冷やした西瓜、露に濡れた胡瓜など、冷たさにも色々な質があることを是非、思い出していただきたいと思います。

当時のレセピそのままではありませんが、お酒を召し上がる前に二口、三口、飲んでいただくにはもってこいの、風味絶佳なるトマトジュースをお教えいたしましょう。

正調のトマトジュース

できることなら露地植えの完熟トマトを、一キロお求めください。これをよく洗い、鍋の中で潰します。酸のあるものを扱うのですから、鍋は琺瑯《ほうろう》製がよいでしょう。アルミ鍋はできるなら避けていただきたいと思います。

潰したトマトの上へ薄切りにした玉ねぎ二分の一個、ニンニク一欠け、薄く切ったセロリ二分の一本、同じく薄切りの人参を三分の一本ほど加えます。ここへ香りを添えるものとして粒胡椒(白)少々、ローリエ一枚、パセリの軸も数本分加え、さらに小匙一の塩、小匙二の砂糖で味を決めます。おしまいに水を一カップから一と二分の一カップほど注ぎ、中火で煮ます。煮立ったら火を細くし、トマトの形がなくなるまで、さらにしばらくほとほと煮ますが、火力を強くしすぎると香りが飛びますし、色も悪くなりますから注意なさってください。

次にこれを裏漉しします。裏漉し器に鍋の中のものをあけ、これを玉杓子で押し潰すようにすれば、容易に潰れるはず。清潔な布巾で絞るのでも結構です。

すっかり漉してしまったら、絞り汁を再び鍋に戻し、ここで味を確かめます。もう一度火を入れて、お好みで塩を足せば完成。消毒した広口瓶に入れて冷やし、召し上がるときにはレモンを絞るとなお結構なる味になります。グラスにとくとくと注ぎ、味はもちろん、色も楽しみながら召し上がれ。

味噌汁の代わりに

真夏の味噌汁はどうも……という方がおられると思います。子供時分の私も夏の味噌汁は大の苦手で、わけても玉ねぎやキャベツの入った味噌汁は、聞いただけでもうんざりでした。年若い弟など、かぼちゃの味噌汁が嫌さに、エプロンのポケットに流し込んでしまったくらい。確かに夏の味噌汁は、喉を通りにくいものです。とはいえ、汗で失われる塩分補給の方法として味噌汁は結構なものですから、努めて召し上がっていただきたいと思います。

今回は、どうしても味噌汁を飲まない子供たちへの「味噌汁代わり」にと、これまた母の発明した「焼き味噌」のレセピをご紹介いたしましょう。焼き味噌はご飯にのせても、あるいは海苔で巻いて食べても美味しいのですが、冷酒を召し上がるのにも大変都合のよいおなめになりますから、夏の間に一度はお試しください。

生姜一欠けは三ミリ角程度のみじんに、ピーマン二個は五ミリ角のみじんに切ります。種もそのまま使います。炒め油としてオリーブオイルを大匙二と二分の一用意しましょう。油を適量鍋に入れ、ごく弱火でまず生姜を、続いてピーマンを加えて炒めます。

次に皮付きの茄子一本を七ミリ角の角切りにし、鍋に加えて再び炒め合わせます。油が足りなければ少々足してください。茄子がしんなりしてきたら、細かく刻んだ青紫蘇十五枚をさらに加えます。

炒めているうちに、全体がねっとりしてくるはずです。そうなったらこれをドーナツ状に広げ、炒め上がった野菜の量のだいたい五分の一見当の味噌(八丁味噌、または三州味噌がよろしい)を加えて焼き、それから野菜と炒め合わせます。これで完成。

生姜を炒めるときに、刻んだ唐辛子(種は除く)を入れても大変結構ですし、粉鰹を大匙二杯ほど加えても、食べ応えが出てよいでしょう。粉鰹というのは削り鰹を鍋でしっかり炒って、丁寧に手で揉んで作るものです。削り鰹、花鰹をそのまま加えるのは、口触りの面から申し上げてお勧めできません。細かなことですが、お酒を旨く飲む工夫でもありますから、これは等閑になさらないでいただきたいと思います。

箸の先にちょっと摘んで、これをお肴に冷酒をきゅっ。盛夏のお楽しみと申せましょう。トマトジュースも焼き味噌も、質素ながら季に合ったものです。

それにしても物の少ない世の中にあって、喉の渇いた私たちにはトマトジュースを、味噌汁を飲みたがらない子供たちには焼き味噌を、と思いやってくれた母は、誰よりも愛の表現に巧みな人でありました。トマトジュースのとろりとした喉越しとともに母を思うとき、いかにも遠くにきたという感慨を覚えずにいられません。

一方、外地へ応召されてしばらく安否不明だった父が日本に帰ってきたのは、戦が済んだ翌年のこと。女、子供四三〇人を男一人で世話しながら、奉天から釜山経由で連れ戻してきた末の帰国でした。「みんなのクソ、ションベンの世話をしながら引き揚げてきたんだ」とひと言。言葉にもならないような苦労があったでしょうに、父はそれ以上、多くは語りませんでした。私もまた、それ以上訊ねもしませんでしたが、今になって思えばどうしてもっと話を聞いてあげなかったのか、そのことばかりが悔やまれます。その父は母に遅れること三年して、天に召されました。

古くからの友人も年ごとに一人、二人といなくなり、「ねえねえ、あのね」と気軽に電話を掛け合う人も少なくなってしまいました。

私たちに惜しみなく愛情を注いでくれた母が亡くなって四十年余り、年ごとにトマトジュース、焼き味噌を作ってはその愛情の深さを確かめる歳月。

鎮魂と慰霊の月が、今年もめぐってきます。

九月　目にはさやかに見えねども

自然は、実にさりげない仕方で時の移ろいを教えます。九月に入っても夏の陽の色は衰えぬかに見えますが、よく観察すれば太陽の描く軌跡がやや低く、穏やかな弧を描くようになったことに気がつかれましょう。喧しいほどだった油蟬も命を燃焼し尽くして一匹、また一匹と姿を消し、空が黄味を帯びる時間になると梢からは、かなかな〳〵、と茅蜩《ひぐらし》の声が降るように聞こえてまいります。驟雨《しゅうう》のように盛大な絶唱でありながら、不思議とその姿は見えません。どこに潜んでいるものでしょうね。

向こうの山から我が家の庭に眼を転じると、一面覆うばかりの秋草の叢。暑中から目を楽しませてくれた涼しげな桔梗は、谷戸《やと》を抜ける風に身をたゆたえ、幾分小振りになった花をまだ付けています。萩の小花。黄菊、白菊。野分の風を受けて白い葉裏を見せる葛、優美な線を描く芒《すすき》の葉。秋の草はいずれも、目にはさやかに見えぬ風の動きを知らせるが如く、あくまで優しい姿をしております。そういえば、秋の七草に数えられるもののうち、女郎花《おみなえし》や藤袴《ふじばかま》は絶えて見なくなりました。ものが消えるときというのは音もありません。風雅そのものの藤袴たちは、衣擦れの音も立てず、足音を忍ばせてどこへ消えてしまったのでしょうか。乾燥させた藤袴には爽やかな香りがあるため、古い時代には陰干しして簞笥などにそっと忍ばせたものと聞きます。昔人の感覚的洗煉、その一例と申せましょう。

たとえよい香りであっても夏の間はただただ鬱陶しく思われることが多いのに、秋になると途端に野の香り、風の香りが恋しくなる。何とは言えぬ香りが鼻先をふっと掠《かす》めた瞬間、記憶の筥《はこ》の隅で永く睡っていた思い出が忽ちのうちに蘇ってくる不思議——ある香りに触れて、ふと、昔のことを思い出したという経験はどなたもお持ちでしょう。その懐かしい思い出に浸りながら少時、糸を手繰《たぐ》るように過ぎ去った日々、人を思うのです。

九月ではまだ、ぶっかき氷に浅漬け胡瓜で、冷えひえのビールが欲しくなるような油照りの日もありましょうが、すうっと秋の風が立つに順《したが》って、自然ともう少ししっとりした、滋味深いお肴が好ましくなるのもまた道理。今月はまず、牛蒡の味噌漬けをお教えいたします。

乙な味

はじめに牛蒡を二、三本ご用意ください。土付きの露地物がよいことは申すまでもありません。まずは泥を落とすところから始めますが、牛蒡の最も美味なる部分は皮に近いところです。中心部ほど味が劣りますから、料理屋では芯の部分を刳り貫いて管牛蒡《くだごぼう》とし、椀ものに用いるほどです。ですから牛蒡の掃除も慎重に、労わるように洗ってください。

きれいになった牛蒡を味噌漬けにするのですが、漬け容器にすっぽり入るよう、おおよそ寸法を測って切り、まずは糠水で茹でます。茹で加減は、噛んでみて少々歯応えを感じる程度。茹で上がってなお太いようなら、これを二つ割り、あるいは四つ割りに。茹で上がった牛蒡はバットに取り、軽く焼酎を振っておきましょう。

続いて漬け地の用意にかかります。ご家庭の味噌五〇〇グラムに酒、味醂を練り混ぜ、好みの甘さに塩梅します。よい甘酒があるようなら、酒や味醂の代わりに甘酒でこの漬け地を用意なさってもよいのです。あとは牛蒡を漬け込むだけ。容器の底に味噌、その上に清潔なガーゼを敷き、牛蒡を並べます。その上に再びガーゼ、味噌の順に重ね、密閉して冷蔵庫へ収めます。牛蒡の質、太さにもよりますが、漬けて三日目から一週間がおよその食べごろ。漬け上がったら牛蒡をそっと取り出し、余分な味噌を拭い去ります。牛蒡は食べよいよう斜めにお切りください。

日本酒との相性は申すまでもありませんが、牛蒡の味噌漬けは案外ビールにも好い相手です。お粥に添えて、あるいはお茶漬けの友としてもまことに好適。カマンベールなど、ねっとりしたクリーム系のチーズと一緒に召し上がるのもお勧めできます。

零余子の淡味

真夏、どこからともなく芳しい香りを送っていたのは、山芋の花。愛嬌あるハート形の葉はご存知の方もありましょうが、山芋の花はと訊かれると、はて、どんな花だったかと首を傾げる方が多いことと思います。小さな薄緑色の粒つぶ、花とも言えぬほどのものではありながら、これがたとえようもなく佳い香りを放つのです。フランス辺のグラン・メゾンがこの香りに目をつけたなら、きっと名香と称えられるような香水ができるはず、と思うのですが、彼の地に山芋はないのかしら？　山芋の花に出会うたび、この香りを香水瓶に閉じ込めておきたい思いにかられます。

愛らしい山芋の葉は秋が深まると黄葉し、葉の付け根のところに小さな実のような、零余子と呼ばれるものを付けます。掌に受けるとコロコロ可愛らしい小芋のようですが、これが地に落ちると芽が出、いずれ山芋になるというのですから、小さいながらも中に養分をたっぷり蓄えているわけです。

零余子は秋も深まってから取れるものですから、九月にご紹介する肴としてはやや走りものではありません。実際店頭に出回るのは、十月末から十一月頃でしょう。比較的保存のきくものですから、見つけたら多めに求め、冬の間中、様々に楽しんでください。

零余子は素揚げして塩を振り、そのままビールの肴にすることもできますし、少し凝ったものなら鶏のローストに詰めても美味しいものです。しかし、零余子の淡味を味わうには、やはり零余子飯に止《とど》めを刺すのではないでしょうか。秋、数種の肴とともに日本酒を召し上がり、おしまいにこの零余子飯を軽く一膳。上品この上ないお酒の仕上げと申せましょう。

まず三分の二カップの零余子をよく洗います。米三カップを研ぎ、ざるに上げてしばらく吸水させておきましょう。米と分量の水(通常のお米を炊く要領でどうぞ)、五センチ角の昆布一片、酒大匙二、薄口醤油が小匙一と二分の一、塩少々を炊飯釜か土鍋に入れ、ここへ零余子も加えて全体を混ぜます。あとは火にかけて炊き、炊き上がりに生姜のこまごまを切り混ぜたら出来上がり。物相《もっそう》で抜いて供せば、立派なお客様料理になります。

深まりゆく秋、山の精を楽しむ最高の一膳です。

麦飯で〆る

せっかく零余子まで取り上げたのですから、山芋本体のことにも触れましょう。

日本の山中に自生する芋を、自然薯《じねんじょ》と呼びます。地中深く、曲がりくねりながら這う根を掘り出すのは大仕事。ですから自然薯はおいそれと手に入るものではありません。古人もこの芋の美味しさをよく知っていたらしく、これをとろろ状にするこの上ない道具まで考え出しています。擂り鉢と擂り粉木です。芋を生食する文化自体、他国ではほとんど聞きません。

とろろ汁を作るには自然薯が一番ではありますが、丹波産ほかのつくね芋でも十分満足のいくものができます。ここに記すレセピは、おおよそ五人前とお考えください。

つくね芋一個をよく洗い、皮を薄く剝き、擂り鉢の肌に直接押し付けておろします。これに卵黄一個分を加え、さらに擂り粉木でよくあたります。

昆布と鰹節で濃いめに引いた出汁二カップに酒一、味醂三分の二、薄口醬油三分の一カップ、塩少々を加え、一旦火を入れて冷ました八方出汁を用意します。この出汁をとろろに少しずつ加え、その都度擂り粉木であたりつつ、擂り伸ばします。さらりと食べやすい塩梅に調ったら出来上がり。麦飯にかけ、おろし山葵や針海苔をたっぷり添えて召し上がれ。

月日は廻り

この季にはこの肴を、と考えるのは窮屈なようですが、私はそう思いません。時に適った美味が楽しめるだけでなく、年が廻ったという実感とともに、しみじみと酒を味わえるようになるからです。年ごとに同じものを作ることでこちらの手も上がってきますし、自身の好みに合わせて、作り方を手直しすることもできるようになります。繰り返し、何年も料理に心を砕いていれば、そのうちご自分だけの味の歳時記ができるはず。そうなれば年を重ねることは、一層豊かな稔りをもたらすものになるとさえ言える――私はそう考えております。

季節折々の多様な実りを酒に添わせて、ありがたく、美味しく頂戴する。暑さ寒さの不平は当然ありましょうが、同時に、庖丁を動かしつつ、四季ある国の幸いも確かめたいものです。皆様の日々の一盞《いっさん》がよいものとなりますよう、お祈りしております。

十月　菊の盃

「世界の歴史をみても、古い文明は必ずうるわしい酒を持つ」という書き出しで知られる、酒博士・坂口謹一郎先生の『日本の酒』(岩波文庫、二〇〇七年)をお読みになったことがありますか。日本に美酒のあることは当然として、酒の肴の様々多いことにも自然に恵まれた国の幸いを思います。

四季折々、疲れを癒す一献にぜひ心を配り、お酒が明日の英気を養うものとなりますように、と祈りつつ、酒の肴はやはり洒落たものであってほしい。食における愉しみに属するものであってほしい。そう願いつつ、普段庖丁を持ちつけない方でも取りつきやすいものを中心にご紹介しておりますから、普段料理は他人任せという方も買い物に出て、手を動かし、ご自身の味を見つけてください。

酒飲みは道具に凝って

と、ここで申すまでもないことですが、酒の楽しみはその味、香りだけをいうのではありません。徳利、盃は是非ともご自分にとってよいものをお使いください。箸に箸置き、醬油注ぎから手塩皿《おてしょ》にいたるまで、ご自身の気に入ったものを使って傾ける酒の味はまた格別ですから。

ずいぶん道具立てに凝るようですが、外での飲み代《しろ》を考えれば安いもの。酔うためではなく翌日から元気に働くためのお酒ですから、つまらないと思われるようなことこそ大事に扱ってほしいと思います。

例えば部屋の灯りもそうで、蛍光灯の青白い光は料理から色を奪い、どこか薄っぺらなものに見せてしまいます。日本の照明はとかく明るい。そこへいくと、ドイツという国は日照時間が短いことも関係するのでしょうか、光の感受性が日本人のそれとは違っているように私には感じられます。食卓を囲むのでも、電光色の灯りで手元を照らし(部屋全体ではなく)、それに加えて実にまめまめしくろうそくに火を灯し、その潤んだような灯りの中で食事をするのです。

『陰翳礼讃』の国から遠く隔たったドイツにまでお話がそれてしまったようですが、せっかくのお酒ですから、魂を養うおつもりで、ろうそくに火を灯してみてください(火廼要慎!)。

酒の効能——謡曲『猩々』と『菊慈童』

今年の夏も異常に暑く、辛いものでしたが、それでもさすがにこの頃は、鎌倉の谷戸を抜ける風もひんやり、ときには肌寒いこともあるほどです。我が家の庭でも、そろそろ野菊が香り高い花をつける頃。昔から菊は薬効著しい植物として知られ、不老長寿の妙薬としても尊ばれてきました。旧暦の九月九日は重陽の節句、菊の節句ともいい、長寿を祈ったものですが、今では五節句の中で一番縁遠く感じられるものになってしまったかもしれません。

酒好きの精霊・猩々がシテとなる能『猩々』の詞章には、「ことはりや白菊の。着せ綿を温めて酒をいざや酌まうよ」とありますが、「着せ綿」をご存知でしょうか。重陽の節句の前夜、菊の花の上に綿を置いて一晩置きますと、これが朝にはしっとり露を含んでおります。これで身拭いすると老いが去り、命を永らえるのだとか。ご家庭でも盃に一、二片の菊の花弁を浮かべて召し上がるのも一興でしょうね。

また謡曲『菊慈童』は、この菊の霊効を謳った秋の名曲です。

魏の文帝の治世、酈縣山《れっけんざん》の麓から薬水が湧いたとの報に、帝は勅使を差し向けます。すると山中に童子が一人、庵を結んで住んでいるのを見つける。聞けば童子はかつて周の穆《ぼく》王に仕えていたが、誤って帝の枕を跨いでしまったため、この山中に流されたと語ります。これを証拠と、そのとき賜った枕を勅使に見せる童子。

穆王の時代から数えること既にして七百年、しかし童子は若々しい姿のまま。枕に書きつけられていた法華経を菊の葉に書写したところ、その葉に落ちた露がそのまま霊水に変じたため、これを飲んだ童子は不老長寿の身となったのです。微醺《びくん》を帯びた童子は不老長寿の霊水を讃えながら舞い戯れ、やがて仙家へと帰っていった、というお話です。

酒の肴として菊は非常に洒落たものですが、この頃は飲み屋で出すところも減ったと聞きます。しかし花弁を食べるということは菊を措《お》いて他にないというだけでなく、この花の歯ざわりは代え難いものです。食の伝統を繫いでいきたいと思えばこそ、今日は菊を使った料理を二、三、お教えいたしましょう。

菊の甘酢漬け

菊花の甘酢漬けから。まず甘酢を用意いたしましょう。分量は全て割合で示します。鍋に酢一、水一、砂糖と酒をそれぞれ二分の一、煮切った味醂(甘口の地酒でも結構です)四分の一、塩少々を入れ、約五〇度まで温めます。

次いで、菊の花を茹でましょう。食用菊を適宜ご用意ください。萼《がく》から花弁を外し、ざるに入れてから水に浸します。菊の花弁は軽いものですから、このようにして洗わないと非常に扱いづらいのです。水につけるうち、汚れが浮いてきますから、二度ばかり水を入れ替えてください。

塩と酢を少々加えた熱湯に、この菊の花をざるごと浸し、茹でること一分。その後、直ちに冷水にとって冷まし、水気を切ります。あとは先ほどの甘酢にしばらく浸せば出来上がり。熱湯消毒した瓶に詰めて冷蔵庫で保存すれば、一週間程度はもちます。黄菊、紅菊など、様々作ってみてください。

甘酢漬けはそのまま食べるのもよいでしょうが、焼き魚の脇に置いてもよいのです。あるいは大根おろしに混ぜ込んでも結構。黄菊、紅菊の酢漬けが、みぞれのように真っ白な大根おろしによく映り、すがれゆく秋の野中の、目も綾な点景のようです。菊の甘酢漬けはさらに梅醬《うめびしお》、あるいは胡桃《くるみ》と和えることもできます。梅醬というのは、梅干しを水に浸して一晩置き、果肉を裏漉ししたものに味醂や酒、グラニュー糖を適量加えて火にかけたもの。おかゆに添えると大変具合のよいものです。

秋の香薫る精進揚げ

菊花の甘酢漬けは非常にさっぱりとしたものですから、もう少しコクのある味をお求めの向きもありましょう。そういう方には精進揚げをお勧めします。「茹でる」という調理法などと比べると、「揚げる」という方法はぐんと上級編、一気に難しくなります。というのも、てんぷらには信頼できるレセピ、温度調節の他に、いわく言いがたい、一種の勘と言うべきものが要るからです。しかし菊の葉や生姜、百合根を使った精進揚げは、それはそれは品の高い肴になりますから、応用編としてあえて書いておきましょう。

材料となる食用の菊の葉、生姜、百合根を適量ご用意ください。作り置きには向きませんから、食べきれぬ量を作っても無駄になってしまいます。念のため。

まず生姜ですが、皮をむいて千切りにしたら、水に放って一晩置きます。これが一番大切な下拵えです。百合根は鱗片を一枚ずつ剝がし、やや塩っぱいと感じられる加減の塩水に放ちます。土汚れを掃除したら取り上げ、紙タオルで水気を取り除きます。菊の葉は水で洗えばそれで結構です。これで材料の下拵えはおしまい。

次に衣です。てんぷらの衣は粘りが出ると美味しく揚がりません。どういう場合に粘りが出るかというと、水と小麦粉を混ぜ過ぎたとき、また温度が高くなりすぎたときです。ですから小麦粉は冷凍庫で冷やしておいてください。小麦粉三に対し、二の量の冷水、塩ひとつまみ。これをボールに入れ、さっくりと混ぜます。決してどろどろに溶いてはなりません。ところどころ、粉が混ざりきっていなくてもよいのです。

千切りにして水に放っておいた生姜はよく水気を切り、適量を指で軽く摘んで衣をつけます。てんぷらはぼてっとした衣を食べる料理ではありませんから、余分な衣はここで扱き落とします。このとき、油鍋の横に衣を入れたボウルを置いておくとどんどん温度が上がりますから、離して置くようになさってください。

揚げ油を中温に熱し、生姜をそっと鍋へ落とします。百合根の鱗片、菊の葉も同様に衣を軽くまとわせて揚げます。薄い菊の葉は、一瞬と言ってもよいほどの間に揚がるのですから、鍋から注意をそらさず、揚がったら直ちに紙に取り上げ、余分な油を除きます。塩をパラリと振って、あるいはお好みで天つゆにつけて、冷めないうちに召し上がれ。

先にご紹介した菊の花の酢漬けとは違って、こちらは軽いビールと好相性です。精進揚げのさっくりした歯ざわり、さっぱりした味わいを損なわぬような、軽やかな飲み心地のものをお勧めします。

ビールの泡は油を嫌います。ですから、てんぷらでビールを召し上がるときはその点に注意してください。あまり時間をかけずに飲みきれるよう、小ぶりのビアマグを使うのも一法です。ビールはすっかり飲みきってから注ぎましょう。

蛇足かとは思いましたが、書き添えておきます。

秋の夜長は

『猩々』では、「よも尽きじ。萬代《よろずよ》までの竹の葉の酒。酌めども尽きず。飲めども変はらぬ、秋の夜の盃。影も傾く、入江に枯れ立つ、足元はよろよろと」と、少々飲み過ぎの猩々の舞姿が描かれますが、一方の『菊慈童』では、「元より薬の酒なれば。酔ひにも侵されずその身も変はらぬ」と謡われます。七百歳の美少年は、菊をかき分けて山中の仙家へ戻っていきます。

お酒はくれぐれも量をお過ごしになりませず、香り高い菊の香をお供に、しっとりした秋の夜長をお楽しみください。

十一月　風仕事

よい風が吹くようになりました。温気《うんき》と湿気が抜けて、肌に心地よい風。バーベキューといえば、汗を拭き拭き、皆でワイワイ言いながら火を熾《おこ》してお肉を焼いたり、トウモロコシを頬張ったり、というイメージをもたれるでしょうが、秋のバーベキューというのも、また味わい深いものがあります。この季節になると、人間にとって火が一層親しいものに感じられるからです。今日は干物を通じて、風の楽しみ方を考えてみましょう。

生ハムと風

私は半世紀前にここ鎌倉で、生ハムを作ってみたいと考えたことがあります。生ハムはもともとスペインの高燥地などで作られるものですから、これを湿潤なる日本で再現するのは至難の技。調べれば調べるほど、生ハムは日本人にとって異文化中の異文化なのだ、ということを確認し、所詮日本では叶わぬことと結論せざるを得ませんでした。

一九六九年、ローマでイタリア料理を学ぶ機会を得たのですが、そのとき、あちらの料理人が、生ハムの切れ端をソースなどの中へ塩代わりに入れているのをしばしば見ました。この熟《な》れた塩気が隠し味となるらしい、してみればこれはイタリアの鰹節だな、と得心。

帰国後、イタリアの味を再現しようとしたのですが、生ハムが手に入らず、仕上がりにも、う一歩の感が否めませんでした。生ハムさえあれば……しかし湿りを帯びた日本の大気では所詮無理な企てか、と諦めていましたが、ある夏の日、山を抜ける風に吹かれているとき、この風があれば生ハムが作れるのではないかと、一種閃くものがあったのです。

はじめはスペインの修道女から、また数年経ってロョラへ赴き、新たな生ハムの作り方を習いました。一歩ずつ学び、作り、日本の風土に合ったやり方は？　など行きつ戻りつ。ようやく一つの形になるまでに十五年もの歳月を要しました。しまいには十二坪の冷蔵庫まで作ってもらいましたが、いわゆる「仕込みもの」のうち、もっとも大掛かりなのが私にとっては生ハムだったと断言できるでしょう。

――こうした仕込みものの王様の話ばかりでは、読む方もお疲れになりましょうね。それに比すれば、魚の干物は容易いもの。また外でする料理には、台所仕事特有の辛気臭さがありません。普段料理には見向きもしない方が、バーベキューとなるや先頭切って采配ことば、人を動かすのは見ていて面白いもの。

今回は「風仕事」と題して、いろいろの干物をお教えしましょうか。

風仕事

魚の召し上がり方としてはお造りでそのまま、あるいは煮るなり焼くなりして、と、皆様いろいろになさっておられると思います。しかし干す、締めるといった仕事をすることで魚はその保存性が高まるだけでなく、味が一層凝縮するのです。鯖やカマスは無論結構、甘鯛なら松の位の干物ができますが、まずは秋に求めやすくなる秋刀魚や鰯といったいわゆる大衆魚に、塩焼きや煮付で得られぬ別趣の味わいを与えて、どうぞ酒の時間を豊かなものになさってください。干物は風さえよければ、庭がなくともベランダで作ることができます。といってこの頃は看過できない量の化学物質が大気中に舞っているなど、愉快でないニュースも見聞きします。空気、海、川が汚されてしまえば、今日の食事の安全も確かではありません。

干物作りは風をお頼りして作るようなもの。温気のある風ではよい仕上がりになりません。冷え冷えとした季節風、その見極めが風仕事最初の判断でしょう。

年ごとにまちまちですが、鎌倉ですと十一月に入ってからの風が特によいと思います。十二月も風の条件は上々なのですが、ご承知の通り、魚は暮れに向けて徐々に値が上がっていきますし、真冬では数が並びません。ですから風仕事はひと月半ほどの間のことなのです。

「仕事」といってもある意味では風まかせのこと、干物作りに難しい点があるとしたら、魚をおろせるかどうか、それだけと思います。本を見ながらでも一度、最初から最後まで手を動かしてみてください。こういうものは慣れが肝心ですから、一度や二度うまくいかなくても当然と割り切って、十四、二十四と何尾でも挑戦してみてください。さく取りしたものを求めるよりもずっと経済なのは、申すまでもありません。

何よりも新鮮でよい魚を求めましょう。魚の新鮮さを見分ける方法は幾通りもあります。店屋に直接尋ねるのも一法ですが、眼の澄んだ魚、魚臭の少ない魚であるということが、一つの目安になりましょう。新鮮なことは確かでも、適切な処理がなされないまま店頭に並んでいるものもありますからご注意を。

冷温を保ったまま魚を家に持ち帰ったら、直ちに魚をおろします。血は流水できれいに洗い流しましょう。鯵や甘鯛なら、頭を落とす必要はありません。掃除した魚は、ざるへ並べますが、並べるときは尾のほうを少し高くすると、自然に水気が切れます。

続いて、ざるに載せたまま両面に塩を振ります。塩の質が大事ですから、天日塩などをどうぞ。塩加減は薄塩、中塩、中塩の強――この三つを覚えてください。魚の質によって塩加減はこの三つのうちのいずれかにするのです。ものによっては塩をしないこともあります。薄塩は鱚や小鯵といった身薄の、脂が少ない魚に。カマスや中鯵、秋刀魚には中塩を。鯖は身が厚く、脂も強いですから中塩の強。

塩は魚の両面、目玉や口周りには多めに擦り込んでおきましょう。目玉は特に傷みやすいからです。塩を振ったらバットに移します。

一、二時間ほど置くと、塩が溶けて滲出液が出てきます。これを紙タオルできれいに拭い去ってください。この作業は決して省略なさいませんように。

尾に近い部分に金串を刺し、風がよく通る、日の当たる場所に干しましょう。私は物干しなどを利用して干しています。小さなものなら二時間、鯖など大きな魚で三時間以上。身が少し透けたようになり、触ってみて皮や身が張ってきたのが確認できたら出来上がり。虫が止まったりしないよう、干している間は注意してください。リスや猫も油断なりません。私は鳥に皮一枚残してすっかり干物を取られたことがあります。

味醂干しがお好きな方もありましょう。この場合は酒と味醂がそれぞれ二、濃口醬油六の割り地に、生姜汁を滴滴と落としたものの中へ魚を沈めます。途中で天地返しをして二、三時間。干す前にやはり紙タオルで滲出液を拭い、あとは同じ手順で干してください。牛肉の薄切りもこの割り地に漬け、干物にすることができますが、干し時間はぐっと短くします。

いともたやすく、数種の干物ができました。さて皆様は干物をどのように調理して召し上がっておられますか。ご自宅の魚焼きグリルをお使いの方が多いのでしょうか。皆様残らずそうなさるかどうかは別として、少し道具立てが派手になりますけれど、七輪に炭を熾してみるのも面白いものです。これとて庭付きでないとできないことですし、空気の乾燥する秋にあっては、火の扱いに別段の注意が要りますから、昔のお話としてお読みいただければ結構です。

母・浜子が常々「干物がうまく焼けるようになったら一人前」などと申しておりました通り、比較的失敗の少ない「蒸す」といったものと違って、「焼く」「揚げる」は、調理法のうちでも難しいものに数えることができると思います。ことに炭火で焼くというのは、火を適切に熾すことがまず一仕事ですし、つい焼き過ぎてしまうという恐れもある。といって不思議なことですが、見ているとなかなか焼けない。焼き物は全く油断ができません。しかし炭で焼いたものには独特の風味があるものです。

テレビでバーベキューの様子が映ることがありますが、まだ炭が十分熾っていない状態で肉や野菜を並べ始めているのをしばしば見かけます。字引を引いてみますと、【熾る】は「炭に火がうつる。炭火が盛んになる」こととあります。ものを焼くときには、炭に火が移っているだけではいけません。盛んに燃えている状態で焼くと、何であれ黒焦げになってしまう。それも野趣と呼べないことはないでしょうが、味は全く劣ります。赤く、黄色く焔をあげて燃えている状態がしばらく続きますと、じきに炭の上へうっすら雪が積もったようになり、火の勢いが落ち着いてきます。これこそ、焼き魚に必要な火なのです。

干物は串を刺して、あるいは焼けた網に載せて焼きますが、これもあまり遠火では焼けませんし、近いと焦げやすい。生焼けでもいけないし、焼きすぎて水気のすっかり抜けた、パサパサした焼き上がりもいけません。——斯くの如く、なかなかやかましいものなのです。

といっても、炭火で干物を焼いて食べるというのは秋空の下の、堪えられぬ贅沢の一つでしょう。風と光の仕事は、人の手仕事を超えた味わいを生むからです。晩秋のビールの味、そして干物の、むっちりして独特の歯触り、舌触りは、他に求められぬ美味なれば、お一人でもお仲間とでも、きっとお試しになってください。

それからもう一つ、市販の干物について。店屋で売っている干物は、干し加減が中途半端なことがままあります。これもご自宅でもう一遍、風を当てるとよいのです。お試しになってみてください。

干物にはどこかしみじみとした趣がありますね。朝から取り掛かった風仕事ですが、そろそろ日も落ちかかってきました。

ここには遠き光なりけり

ここ鎌倉の谷戸は、夕焼けの美しいところ。風の音に耳を欹《そばだ》てつつ、千変する西の空の色を眺めておりますと、もはや物思うこともなく、ただ呆然と美に圧倒される他はありません。恩師・岡麓先生のお歌が思い出されます。

西山にうすれて残る夕映えは
ここには遠き光なりけり

十二月　歳暮の滋味

暮れになると、お商売をなさっている方は申すまでもなく、事の少ない方でも、何かそわそわと落ち着かぬ気になるものです。看々臘月尽《みよみよろうげつつく》、もたもたしているとあっという間に年があらたまってしまうような心急《せ》く日々。

本当に今年も数日、と押し迫ってくると御節のお支度がありますから、とてものんびり庖丁をとる余裕もありますまい。デパート製の見目麗しい御節の重詰めで済まそう、という方も当今数多いようです。只でさえ事の多い歳暮に当たり、さあ何をお教えしようか――。

手がかからず、それでいてしみじみとした味わいがあるのは何と申しましても根菜です。大ぶりに切った大根が、鍋の中でことり、と静かな音を立てる。蓋を取ると朧とした湯気が湧き立ち、白酒のような湯の中に半透明の大根が揺蕩《たゆた》っている。鍋底に黒い昆布。厳冬の川に雪降りしきるが如き景色です。

この大根炊きは、どんな方もお出来になるでしょう。一本の大根の中にいろいろの性がありますから、それを見極めた上で料理なされば、なおよいと思います。

大根を炊く

ざっと申しますと、一本の中でもっとも肌理《きめ》細やかで、豊かな味を蓄えているのが中程の部分。葉付きに近い数センチはこの肌理が粗く、やや劣ります。尻尾は辛味と苦味があります。大根おろしが欲しければ、この部分からお使いください。

さあ大根を炊いてみましょう。薄く切って炊いても美味しくはありませんから、思い切って二・五センチから四センチほどの輪切りに。そのあと皮を剝き、面取りし、鍋底に接する面には十字の隠し庖丁を入れます。これで庖丁仕事はおしまい。

大鍋に昆布を敷きます。そこへ大根を並べ、洗米を三分の一カップ、梅干し一粒を添え、大根全体が被る程度に水を張ります。強めの中火で煮立て、煮えがついたのを確認したら火を細くします。するとだんだん水が濁ってきます。水だけで炊く方法もありますが、投じた米が大根の臭いを和らげるので、私は白湯で炊くよりいいと考えます。軟らかくなるまで炊き続けますが、二重鍋をお持ちの方なら寝る前に支度し、そのままお休みになってもよいのです。夜明けには大根がとろりと炊きあがっているはず。

この淡味を酒の肴として旨く食べるためには、よい煉り味噌が欠かせません。まずは八丁味噌を使った煉り味噌を紹介します。少し多めに作り、寒の間は思い立ったときに使えるようにしておきましょう。その都度作るのでは、やや息切れがします。

冬の常備品、煉り味噌

本八丁味噌を二〇〇グラムご用意ください。そのうち五〇グラムほどを擂り鉢に取り、二個分の卵黄、酒少々を加えて擂り合わせます。加える酒はほんの少しで結構です。酒を入れすぎると擂りにくくなりますのでご注意を。擂り鉢の中がよいしという景色になったところで残りの味噌、水一カップ、酒一カップ、砂糖一五〇グラムを加え、さらに擂り粉木で丁寧にあたります。それを土鍋あるいは琺瑯鍋に移して湯煎にかけ、全体に照りが出てこっくりしてくるまで煉ります。文字にすればこれだけのこと。湯煎ではなく直接火にかけてもよいのですが、焦げつきやすいのでお気をつけください。

柚子味噌になっても基本は同じことです。この場合、味噌が白味噌になりますが、白味噌はもとより甘味の勝った味噌ですから、加える煮切り味醂の量は加減なさってください。こうして白味噌で煉り味噌を作っておき、使うたびに、別に用意した柚子煉り(実を刻んで砂糖や蜂蜜と混ぜたもの)を加えるという点が違いです。

料理は片付けながら

ここで台所をご覧ください。「出来上がり」という段になって流しが洗い物でいっぱいになっていると、皿洗いの面倒がちらつき、せっかくの酒の味に障りましょう。酒の肴はどうあっても片付けながらお作りくださいませ。

それからもう一つ――先ほどの大根ですが、葉や剝いた皮が屑籠に投げ込まれているということはありますまいか。葉まですっかり使うことは台所の経済でもあります。この部分は根の部分よりかえって栄養豊富とすら聞きます(昔はこの部分を干葉《ひば》にして使ったものです)。それなのに、店先に並んだ大根に葉の付いていないことが多くなりました。大根葉が現代人の口に合わないのか、それとも流通上、そうせざるを得ないのでしょうか。何しろ勿体ない話と思います。捨てられがちな葉や皮を使って、何か一品作ってみましょう。毎度うるさいことですが、酒の肴にお金をかけるものではありません。

まず大根の葉をよくご覧になってください。葉の外側(粗葉)部分がごわついているのは、水分が少ないからです。この部分の葉(軸の部分は使いません)を、低温に保った油で揚げると(つまり水気をさらに飛ばすと)、不思議にもごく薄いパイ皮のような、透けた緑の揚げ物になります。焼塩をパラリと振って召し上がるもよし、砕いて大根おろしにさっくりと混ぜ、醬油やポン酢で召し上がるもよし。

芯を取り巻く柔らかい部分(柔葉)、さらにその外側の中葉は、粗葉に比してまだ水気がありますから、この部分で先ほどの揚げ物を作ってもも、ち、ま、せ、ん。時間の経過に伴って、急速にくたくたとなってしまいます。これらの部分にはまた相応の扱いをしてやることが、ものの命を活かし切ることと思います。

中葉は漬物にするのも結構ですが、歯ざわりがいいものですから、種を除いた鷹の爪と一緒に甘辛に炒めてごらんなさいませ。柔葉は湯引きしてこまごまに刻み、塩をして固く絞ります。それを炊きたてご飯に混ぜれば、酒席の〆にぴったり、菜飯の出来上がり。

さて大根の皮はどう食べましょうか。これもまずは皮をよくご覧になってみてください。皮には筋が通っています。この方向に対し直角に庖丁を当てれば(繊維が短く断たれるわけですから)、自然、歯ざわりが優しくなります。反対に繊維に沿って刻めばパリッとした歯ざわりに。お好みでどうぞ。皮を同寸に刻み、胡麻油で炒めて醤油を垂らし、七味を振れば、立派に美味しいきんぴらができます。ベーコンやちりめんじゃこなど動物性の食材も大根の皮とは出会いもの。何度でもお作りになり、ご自身の定番と言える一皿になさってください。

諸菜の及ぶべきところに非ず

先月は「風仕事」と称して、色々の干物をご紹介しましたが、干し野菜の王様はなんと言っても切り干し大根に止めを刺しましょう。佐藤信淵《のぶひろ》による江戸期の農本『草木六部耕種法』は大根をして「五穀に劣らざる必需のもの。……このもの不足なる時は、五穀の凶荒と異なることなし……飢饉流行の時は、このものの飢を救うこと他の諸菜の及ぶべきところに非ず」と言わしめ、その有用性を高く評価していますが、事実大根は多くの人々の飢えを癒してきたのでありましょう。新年を迎える浮き立つ気持ちに誘われて、つい財布の紐が緩くなりますが、年の明ける前から飽だ、伊勢海老だと奢っていては先が思いやられます。世の中が浮き足立った師走にこそ、こうした滋味深い肴を食卓に上らせてください。

干し大根は生のまま切って干したものの他にも、蒸して干したもの、あるいは凍《し》み大根と称する寒冷地のものがあります。生活に根付いたものは往往にしてそうですが、この切り干し大根もまた津々浦々、作り方や切り方に土地土地の別があり、眺めていて飽きません。

しんみりとした味を

今月は締めくくりに切り干し大根と油揚げ、里芋を炊いてみましょう。これは肴というよりお菜の類と呼ぶべきかもしれません。

まずは里芋の扱いから。里芋は美味しいけれど手が痒くて、という声が早速聞こえてきそうですね。とはいえ、里芋のねっとりした味わいは、痒みを厭って食べずにおくには勿体ないほどのもの。ちょっとしたコツをお福分けしましょう。それにはまず里芋をきれいに束子《たわし》で掃除することです。洗い上がったら盆ざるに並べ、時々天地を返しながら干します。そして完全に乾かしてしまわず、半乾きになったところで皮を剝くわけです。そうすれば剝きやすく、痒みも多少抑えることができます。こうした料理はある程度、量を作らなければ味にならぬところがありますから、今回里芋は中くらいのものを十五個といたしましょう。切り干し大根は乾燥状態で一〇〇グラム、これをしばらく水に浸しておきます。

油抜きして適当な大きさに切った油揚げ、水で戻した切り干し大根を鍋に並べ、材料が浸る加減に煮干出汁を張ります。切り干し大根が柔らかくなるまでコトコト炊き、塩少々と味醂か砂糖を大匙二、濃口醤油を大匙四加えます。これだと味が頼りない、という方もありましょうから、ここから先はお好みで味加減なさってください。

味を決めたら、食べやすい大きさ(あまり小さくしすぎない)に切った里芋を加え、ある程度味が浸みたら火を止めます。冷えるにしたがって里芋へ味がさらに入っていくはずです。よい里芋、切り干し大根が手に入った場合は、煮干出汁ではなくお精進で作ってみてください。つまり水で炊くのですが、これまた別趣の味わいです。もう一つコクが足りないならば、水で戻した切り干し大根を油で炒めてからお使いになるのをお勧めします。

歳末は始末の心で

年賀状を書き、大掃除をし、お鏡・七五三縄《しめなわ》をして……と、どなた様も目の回るような暮れの日々。つい外食で済まそうとなさる気持ちもわからないではありませんが、少し火を入れれば味が浸みて一層美味しくなる、こうしたお菜を何品か覚えておいでになると、出物の多い歳末の台所振る舞いとしては理想的ではないでしょうか。つい捨ててしまうような野菜の皮もトントンと刻んでお肴に。始末の心で、あなただけの味を見つけてください。

皆様、よいお年をお迎えくださいませ。

一月　いやしけ吉事

皆様、あけましておめでとうございます。

新《あらた》しき年の初めの初春《はつはる》の今日降る雪のいやしけ吉事《よごと》

（『万葉集』大伴家持）

雪の多い年は豊作になるとか。今年も風雨順次、皆様におかれましては幸い多かれ、とお祈りしております。

新年の嘉例とて、我が家では黒豆、田作り、数の子にお煮〆、そしてご先祖様から伝わった加賀風のお雑煮を用意し、三が日は台所仕事からも解放され、のんびりと過ごすことにしております。祝い肴が三種あれば海老や鯛がなくても一向に構わないという母の考えで、こういう形に落ち着いておりますが、考えてみればこの三種はただ豊穣と一身の健康を祈る縁起物としてばかりでなく、人に慎みを教え、風土を理解させる縁《よすが》ともなりうる、まことに考え抜かれたものと申せましょう。

幸い多くの人の助けを得て、これまで年々に正月を祝い膳とともに迎えることができましたが、身寄りなくお一人であって誰かと食卓を囲むということのお出来にならない方、十分に召し上がれない方もたくさんおられることを、こと食に関わる者としては特に忘れるべきでない、と考えております。

柚子を「へぐ」

暮れの多忙でなんとなく寒さに目が向かないだけでしょうか、年が改まるまではさほど感じないのですが、正月を迎えると寒さが日ごとに募ってくるように感じられます。外に目を向ければ冬枯れの庭。その寒々しい庭に火の灯ったような点景になっているのが柚子です。

柚子は五月の花の頃(花柚)から、冬至過ぎの内皮もふわふわとワタのようになった柚子まで、ほとんど半年以上もの間、様々に使い回すことのできる至極重宝なるもの。今でも冬至の晩に、柚子湯を使っておられる方がありましょうね。

柚子の皮はすでにご家庭で様々に活用しておられると思います。吸い口は申すまでもなく、柚子の皮を丸く剝《へ》いで——「へぐ」という言葉もこの頃使わなくなりました——盃に浮かべ、熱燗を注いで召し上がるのも一興。柚子の高貴な香りを存分に楽しむことができます。手間はかけずに酒の味を倍する方法、これならどなたも訳なくお試しいただけるはずです。私の父も、寒くなって柚子が黄色くなると、剝いだ皮を一片盃に浮かべ、ひとりで熱燗を楽しんでおりました。

柚子は皮をそのまま、また果汁を酢の代わりとして酢の物やサラダにお使いになる方がありましょうが、実を丸のまま使うという方は案外少ないようです。柚子の種以外の部分、つまり皮もワタも一緒に細かく刻み、適当な量の砂糖、または蜂蜜と混ぜてごらんなさい、ねっとりとした柚子煉りができます。ジャム代わりにパンへ塗ってもよいし、ほんの少し醤油を垂らせば酒の肴としても大変乙な味です。この柚子煉りを柚釜《ゆがま》に盛り付ければ、御馳走と言ってよいものに。柚子には血管をしなやかに保つ効果もあると聞きます。

小指の先より小さい青柚の頃から、ふわふわになってもう落果しようかという時期まで、実に長く楽しむことのできる柚子は、非常に使い出のある日本第一の薬味と申せましょう。どのご家庭でも、木の芽(山椒)とあわせて育てておかれるとよいものの一つと思います。青柚、また柚の花があるときはポーチ・ド・エッグにのせて。小さいながら香気十分なる青柚が、卵の臭みを収めてくれます。酒の肴にはこうした香りの使い方がものをいいます。

海のミルク、牡蠣

さて、この時期の肴として一等上等なのは牡蠣でしょうか。生牡蠣に柑橘の絞り汁を滴滴、その白い身をつるりと喉の奥へ流し込むのは最高の食の悦びです。小鍋仕立てにして召し上がるもよし、亜鉛をはじめとするミネラル分の摂取源としても申し分ない、冬第一の美味と申せましょう。

今日は特に、牡蠣のオイル漬けをご紹介しましょう。油脂で漬けることによって食材の保存性を高める方法として、これはぜひ覚えていただきたいと思います。

作りやすい分量として、剝き身の牡蠣を五〇〇グラムほどご準備ください。貝類は海の汚れを集めやすいものですから、是非とも産地に注意して、ごく新鮮なものをお求めください。次にこの牡蠣に分量外の粗塩を振ってしばらく置き、流水でゆすって洗います。傷つきやすいものですから、そっと優しく扱うことが肝心です。

この洗った牡蠣を鍋に並べ、ニンニク一片、ローリエ一、二枚を加え中火で熱します。熱が入るにしたがって徐々に牡蠣がしっくりした感じになってきますから、固くならぬうちに皿へ取り上げます。このとき、牡蠣から滲み出した汁は捨てず、少し煮詰めます。ここに酒大匙三を加えて牡蠣を戻し、煮汁と絡めます。この牡蠣の熱々を清潔な瓶に隙間なく詰め、オリーブオイルを口まで注ぎ、蓋をします。しっかり冷めてから冷蔵庫で保管、五日ほどは持ちますが、もう少し長く保存したい場合は軽く蓋をして瓶ごと蒸し器で三十分ほど蒸すとよいでしょう。これは酒の肴としても上等ですが、ものは試し、忙しい朝に二、三粒ずつ召し上がってみてください。一日を充実して過ごせるはずです。材料といっても牡蠣とニンニク、ローリエ、酒とオリーブオイル程度のこと。手間はかかりません。

酒飲みのためのおつゆ

さて松の内もあけて寒さが一層募るようになると、どうしても皆様に寒シジミのお味噌汁を召し上がっていただきたく思います。この時分のシジミは寒さゆえ、砂礫《されき》の中に潜って身を肥やしております。シジミは肝臓の働きを助ける良薬とも申しますし、酒飲みには特にお勧めしたいものの一つ。私は毎年、石川県七尾市から寒シジミを送ってもらいますが、これが実に充実したもので、殻の張りもほれぼれするほど美事なものです。繰り返しますが、シジミ(といわず貝類一般)はぜひ信頼のおける生産者からお求め願います。「作る肴 篇「おつゆ」で詳しい作り方はご説明いたしますので、参考になさってください。

まずシジミはさっと洗い、塩水に放って砂をしっかり吐かせておきます。この砂抜きの作業を怠ると、身に残っていた砂が口に入ってしまい、文字通り砂を噛むような思いをします。その不快はたとえようもありません。

次に塩を振り、殻同士をこすり合わせて、よく汚れを落とします。驚くほど汚れが出ますから、こうした掃除は億劫がらず丁寧になさってください。仕上がりに格段の違いが出ます。この味噌汁に出汁を用意する必要はありません。貝の旨味だけで十分、美味しいお汁になります。

きれいに汚れを取り除いたシジミを平鍋に移し、貝が被る程度の水を加えて火にかけます。

少し酒を加えてもよいでしょう。火にかけ貝の口を開かせますが、身が小さく縮むのが気になるようでしたら、一度皿に取り上げてください。手間をかけるならお汁を濾《こ》しますが、そのままでも結構です。あとは適量の水を加えて熱し、味噌を加え、シジミを戻して温めるという要領です。これは是非とも煮えばなの熱々をどうぞ。召し上がる直前に山椒の粉を振ってもよろしいでしょう。

味噌についても少々。今では流通網の発達によって、その土地ごとの味噌以外にも、様々な味噌が容易に手に入るようになりました。原料も大豆をはじめ麦、米など多様ですし、発酵法の別によってその味わいや色味も千差万別です。

一般に味噌汁は、白味噌・赤味噌を混ぜて味を決めます。暑い盛りには赤味噌を多くしてすっきりした、酸味の勝った汁に仕上げますし、反対に寒くなってからは白味噌の分量をぐっと多くして、こっくりした味を求めるものですが、このシジミ汁に限っては、ぜひ八丁味噌、赤味噌だけでお作りください。私は特に岡崎の八丁味噌をお勧めします。

清浄なる一碗の粥

おしまいに菜粥を。冬は根菜が力を蓄えておりますが、大根の実だけを使い、菜っ葉を捨ててしまわれる方が多いのを残念に思います。先月もレセピを幾つか紹介しましたが、切り落として捨ててしまうのは勿体ない。大根でも蕪でも、葉っぱまですっかりお使いください。

ほうれん草や小松菜と違い、大根の葉は干してももとの性を失わず、まことに使い勝手のよい結構なものです。昨今、野菜の価格高騰では青菜を買うのもおっかなびっくり、そういうときに干した大根の葉があればどんなに助かることか。

さあ粥を炊きましょう。濁りがある程度おさまるまで米を水で洗い、水切りして半時間ほど置きます。鍋、できれば土鍋に、米と分量の水(米一に対して七から十ほど)を入れて蓋をし、火を点けます。最初は中火で、煮立ってきたら弱火に落とします。吹きこぼれそうになりますから、蓋を少しずらして、米粒が潰れるほどの柔らかさになるまで気長に炊きます。

お粥が炊き上がるまでの間に菜っ葉を刻みましょう。粗すぎず刻んだ菜っ葉のこまごまを、炊き上がったお粥にパラリ。鍋に蓋を着せて一呼吸置けば菜粥の出来上がり。時間もかからず、もとより捨ててしまうような菜っ葉で作るものでありながら、その清浄なる味は別格です。繰り返しますが、酒の肴にお金をかけるものではありません。どうぞ才覚でお作りください。

へぎ柚子を添えた熱燗、牡蠣のオイル漬け、寒シジミの味噌汁に菜粥ができました。どれか一つでも作ってみていただけたら嬉しく思います。慣れない庖丁でも、ご自分で一品こしらえたならば酒の味も増すというもの。一時間とかからぬうちに、店では決して求められぬ味な一品が出来上がり。気に入った皿に盛り付けたら――。

さ、盃をお上げください。

二月　寒の美味

大寒から二月いっぱいまでの寒さの厳しさは、台所仕事はもちろん、朝起きも外出も億劫にさせるもの。この頃は思いがけず、普段それほどでもない地域で大雪になったりしますから、毎日お勤めへ出られる方は日々、気の抜けないことでしょう。ここ鎌倉は相模湾に面した街で、東京都内よりはいくらか暖かいと言われておりますが、雪が降るとなかなか解けぬことがあります。

鎌倉の「谷戸」

谷戸というものをご存知でしょうか、これは主に関東地方で使われる言葉のようです。鎌倉は南に海が開けている上、三方に山が迫り、故に守りやすい土地ということで幕府が置かれたと聞きます。この山に刻まれた、入り組んだ襞を谷戸といい、また谷を「やつ」とも読むのです。今でも扇ケ谷のほか、松葉ケ谷、比企《ひき》ケ谷など、鎌倉には地名としても、【谷／やつ】の語が残っております。

雪が降ると、この谷戸が一種の吹き溜まりとなり、長く雪が解け残るようなことになります。音を吸う性質があるのでしょうか、雪が積もるとあたりに深閑とした静寂が訪れます……時折、鳥の羽ばたく音がするくらい。全てがしんと静まり返ったモノクロームの世界になりますが、この雪の下、早くも春支度が始まっているのです。しかし春に魁《さきが》ける美味のお話は、もうひと月先に残しておくことにいたしましょう。

寒が研ぎ澄ます美味、鱈の昆布〆

寒さというものは一様に、ものの味を研ぎ澄ますようなところがあります。今月第一にご紹介するのは鱈《たら》。この魚もまた、寒さを受けて一層美味しくなるものの筆頭でしょう。鱈はあっさりした白身ですから、濃く味付けて召し上がるのは無理があるように思われます。その淡雪のような、淡白な持ち味をそのまま召し上がる工夫をなさってみてください。

まずは鱈の昆布〆。昆布と酒、または酢があれば、ほとんどどんな魚でも締めることができるのですが、この頃魚を締めて召し上がる方はそう多くないようです。どうしてでしょうか。味がよくて、しかし身が柔らかく扱いづらい魚は、どうぞ締めてから召し上がってください。食べやすくなるだけでなく、保存性も高めることができます。

まず用意するのは、締めるべき鱈の身(サク)と同じか、やや大きい昆布を二枚。厚手のしっかりした昆布よりは、幅広で薄い、だし昆布のほうが扱いよいと思います。これにさっと酒を振りかけます。二枚の昆布の間に、これまた酒に軽くくぐらせた鱈の身を挟むだけ(念のため申し上げますが、鱈はごく新鮮なものをご用意ください)。挟んだあと、紙タオルで包み、さらにアルミ箔で包んで冷蔵します。時間としては半日ほど置けばよいでしょう。こうすると三日目くらいまでは生で食べることができます。

昨今昆布はなかなかよいお値段ですから、使ったあとの昆布も捨ててしまわず、焼酎にくぐらせてから風干しし、すっかり乾いたら瓶に保存します。味噌汁の出汁を引くときなどに活用ください。

もののついでですから、酢〆の標準的な作り方もご紹介しましょうか。

酢で締めると言っても、塩が七分、酢が三分とお考えください。酢〆によく合うのは鯖、鰯、鯵などの青魚。塩の当て方は強塩、中塩、薄塩……などと至って散文的なのが日本のレセピではありますが、それではお困りの向きもありましょう。ここでは青背の魚の場合、魚の身一〇〇グラムに対し、脂の乗った魚で四、五パーセント、脂がなければ三パーセントの重さの塩、時間にして一時間当てる、とご記憶ください。大きい鯖ならば同じく一五パーセント重の塩で三時間、小ぶりのものなら一二パーセントで二時間。二度目からはご自身のお好みで、量を加減なさいますように。よいところで塩を払い、水でさっと洗います。

ここから酢洗いです。酢に浸けるのではありません。洗う、と言うほどですから、決して長時間浸けてはなりません。長く置いておくほどに生臭みが立ってしまうからです。小魚で十分、最大でも二十分。鯖であれば三十分ほど、それでも一時間を超さぬよう注意すべきです。締めるつもりでか、酢〆にレモンを添える方があるようですが、賛成できません。レモンの鋭い酸味は、かえって魚の臭みを強調させてしまいます。

どういうわけか、昆布〆も酢〆も凝った料理のように思われている節がありますが、ここにお読みの通り、難しいことは何もありませんから、ぜひ挑戦なさってください。簡単にできて、しかも佳肴と呼ぶべきものが出来上がります。

結構なる淡味

一年のうちでも最も冷え込む月になって、次にお勧めしたいのは湯豆腐です。豆腐の淡味というものは他に比べるもののない、まことに上品なものでありますし、多くの酒の肴とは違った格が感じられます。豆腐は今やどこでも簡単に手に入りますが、たとえ名店の製というのでなくても、可能な限り作りたてを求めてください。とはいえ、お近くに豆腐屋のある方も少なくなりましたでしょうね。以前はボウルを手に、ポケットにお金を入れて豆腐のお使いに遣られた子供の姿がどこでも見られたものです。

よい豆腐というものは、然るべく育てられた豆、水を使い、一種の勘とも言うべきにがり合わせによって作られているわけですが、それだけと言えばそう言えなくもありません。それだけで作り手によって味に違いの出てくるものですから、これほど油断のならないお商売はないと思われます。

湯豆腐に用いるのは水と昆布、よく吟味した豆腐、これだけです。これだけで豆腐を美味しく召し上がるために、何よりも肝心なのは素材を吟味するということです。豆腐自体は申すまでもありませんが、昆布も一等をお使いください。昆布に一等、二等、徳用など様々な等級があることはご存知と思いますが、利尻、日高、羅臼といった産地の別もあります。こういうことは丸暗記には向きません。お作りになるものを考え、買い物をする段になってから調べるうち、徐々に覚えることができる、そういう種類のものです。湯豆腐や椀ものといった繊細な味を楽しむための昆布として、私はまず利尻昆布を推したいと思います。

昔の昆布には、浜で干したときの砂が残っていることもあったものですが、この頃そういうことは少なくなりました。ですから掃除といっても表面の白い粉を落とさぬよう、固く絞った清潔な布巾で両面をさっと清める程度で結構です。土鍋に昆布を敷いたところへ水を注ぎ、豆腐を崩さぬようそっと昆布の上へ置きます。火を点けて徐々に温度を上げていきますが、ぐらぐら沸かしてしまうようではいけません。ふうふう言いながら食べる向きもありますが、沸かしてしまうと豆腐が固締まりしてしまうので勿体ないのと、第一召し上がりにくいでしょう。豆腐が底からぐらり、としたところがおよその食べどき、とお考えください。

湯豆腐には濃口醬油を。これに柑橘を絞ってもよろしいし、酒の肴として召し上がるのですから、薬味がたくさん揃っているのは楽しいものでしょう。柚子の皮、鰹節をごく薄く細く掻いたもの、青葱なども好相性です。何《いず》れにしても淡白な豆腐を味わうのですから、薬味が勝つようなものは避けるようにいたしましょう。

戦地の蕎麦つゆの味

醤油を垂らす代わりとして、私は鰹節の佃煮をお使いになるのもよいと考えます。湯豆腐にはもちろんですが、これはお粥に添えても、おむすびの芯にも使うことができますから、重宝なものです。

この佃煮に用いる鰹節には、できるだけ男節《おぶし》(鰹の背側で作った鰹節)をお使い下さい。鰹節は分量にして一カップ。鍋を温めたところへこの鰹節を加え、しっかり乾煎《からい》りします。すっかり冷ましたら、これを手で揉みます。すると鰹節は訳もなく粉状になるはずです。次に酒半カップ、味醂と醤油それぞれ三分の一カップ(お好みで半カップまで増やしてもよい)、水を一カップ、そして梅干しの種二、三粒を鰹節の粉と合わせ、弱火にかけた鍋でゆっくり煎り付けます。汁気がなくなって全体がしっとりしてくるまで煎りますが、くれぐれも焦がさぬようご注意ください。

この佃煮は、お湯を挿せば即席のおつゆにもなりますから、皆様ぜひ冷蔵庫にお持ちになるとよいでしょう。

そういえば戦争に召集されていた父が、日本食が恋しいというので、母と一計を案じたことがあります。二人して鰹節を何本も、それこそ山のように掻いて、醤油や味醂などで煎り付けたものと蕎麦の乾麺、焼き海苔などを一包みにして送ったのです。戦地の蕎麦の味はどんなものでしたでしょうか。

湯豆腐で旨く呑もう、という方に。ご自宅でお酒を召し上がる場合、大きな土鍋の前に座って一人で箸を動かしているのは、どこかちぐはぐなところがあります。お一人ならば、小さな土鍋をお持ちになってみてはいかが？　酒の肴というのは食の愉しみに属するもの、いわば虚のものです。だからこそ、道具に凝るということをなさっていただきたいのです。

湯豆腐で言えば、豆腐を掬う道具に穴の開いた散り蓮華というものがあります。真鍮や銅でできているものが多いため、持ち手が熱くならないよう竹の柄が付いていることも。巧みに金網を編んだ豆腐掬いもありますが、いずれも上方に良品があるようです。

本格的に凝ってみるなら、湯豆腐桶というものもあります。小さな風呂桶を想像してみてください。桶の中に豆腐がたゆたゆと身を沈めています。この桶には銅製の炭入れが付いており、その銅壺に炭火を入れることで、まことにまろやかな火力を保つことができるのです。またつけだれを入れる陶器の徳利(ちろり)もついていて、豆腐と同時にたれも温めておくことができます。たる源製の徳利には筆文字で万太郎の歌――湯豆腐や持薬の酒の一、二杯。椹《さわら》や杉の桶の香りは、あるかなきかの淡い豆腐の香を邪魔することもありません。桶は角型の他に小判形、円型などありますが、いずれも洗煉されきった機能美です。

三月　春をいただく

寒中の梅、弥生の桃。ともにバラ科の植物で、もとは中国から薬用にもたらされたものだとか。ほんのひと月ほどしか花期は違わないのに、花から受ける感じは、梅と桃とで驚くばかりに違います。不思議なものですね。

三月は桃の節句。梅同様に桃も、種が漢方薬として用いられるのだそうです。三千年に一度実るという世にも稀な不老長寿の桃のお話は、仙界の美女・西王母《せいおうぼ》の果樹園が舞台でした。ご存知の方もおいででしょう。

桃の節句、つまり雛祭りには母が毎年、五目ずしや貝のぬたを作っていたものです。お清しに蒸し鰈《がれい》の焼き物。雛飾りを出し、桃の枝を瓶子に挿れ、ぼんやり灯った雪洞《ぼんぼり》の明かりで白酒を……などという、まことに夢見るような節句であって、女の子たちのうっとりと、少し高揚したような表情が眼に浮かぶようです。

五目ずしは手間がかかるとお考えの方が多いせいか、この頃では作ってみられる方もいたって少ないようです。ところがどういうわけか料理屋の五目ずしに美味しいと言えるものは少ないのです。フランス料理の帝王ジョエル・ロビュション氏がかつて「日本の料理はやさしい。それは女性が守り育てたからだ」とおっしゃっておられましたが、それと五目ずしの味を結びつけるのは少々こじつけが過ぎるでしょうか？

梅からバトンタッチして桃の花へ。花の蕾が膨らみを増し、一気に花開くのに拍子を合わせるがごとく、木々は一斉に芽吹きのときを迎えます。土中の蕗の薹《とう》や土筆《つくし》はするする伸び、水中ではワカメが育ちつつあります。春はワカメの美味しい季節でもあるのです。冬の間、黙して語らなかった命が、急に声高になっておしゃべりを始めたよう。この一瞬を逃さず、ほんの二週間ばかりの「旬」を味わってみてください。

今月は春の恵みでこしらえる肴をご紹介しましょう。

利休の愛した花

茶の湯では椿を大変よく用いますが、意外にも茶聖・千利休は、菜花を最も愛したのだと聞きます。秀吉の茶頭まで勤めるなど、長く天下人の側に仕えて重用されてきたはずですのに、利休は彼の勘気に触れ、死を賜ることになります。理由は全く定かでありません。天正十九年二月二十八日、自刃。利休の命日は、新暦で言えば四月に当たるかと思いますが、茶家では三月の末に利休居士を弔う「利休忌」が執り行われます。このとき、供えられるのが菜花なのだとか。目の覚めるような黄色い菜花は、いかにも春のおとずれを感じさせる健気で愛らしい花です。

菜花を見るのは野原ではなく店先、という方もおいででしょう。菜花はえぐ味の少ないものですから、さっと湯掻くだけでもおひたしにできます。ここでは辛子和えと菜の花丼をご紹介しましょう。

ご自宅の庭から菜花を摘むことのできる方へ。菜花の摘み方にはコツがあります。思い切って花茎の真ん中から摘むのです。こうすると脇から芽が伸び、さらにその脇芽を摘むと孫芽が出てくるという具合。

店で菜花をお求めになる方は、調理前にまず水に浸けてシャッキリさせましょう。すっかり草臥《くたび》れたようになっていても、水を吸わせることで面白いほど元気に蘇ります。

茹でる際のコツは塩の量にかかっています。塩加減は吸い物より少し濃い加減。沸騰したところへ菜花を入れ、すぐに冷水で粗熱をとり、さらに氷水で締めるのですが、決してくたくたになるまで茹でてはなりません。こうすることで歯ざわりと色とを望みうる最もよい状態に保つことが叶います。和え物にするのですから、紙タオルで水気をしっかり取り除いてください。

次に塩、醤油、味醂、酒を適量合わせ、火を入れます。冷めたら溶き辛子を加え、食べよく切った菜花にかけまわします。これだけのことです。加減よく菜花を茹でること、そしてお好きな味加減に調味料を合わせること。好き好きのあることですから、大匙何杯というお話はここではよしておきましょう。

そして菜の花丼。これを思いついたのは畑で草をむしっていたときのことです。まだ開きかけの菜花を見ていると不意に、この命をまっすぐ貰い受けるような方法はないか、茹でるのではなく炒めてみたらどうだろうか、と閃いたのです。

用いる菜花は一把分ほど。これ以上の量を一度に炒めるのは、水っぽくなるので避けるのが賢明です。辛子和え同様、二時間ほど水に放ったら、しっかり水気を切ります。使えるのは花茎と柔らかい葉の部分だけ。鍋でオリーブオイルを温め、さっと菜花を炒めます。途中で酒を振りかけ、火を止めてから醤油を絡めます。味を決めるのはオリーブオイル、酒、醤油だけ。だからこそ上等のものをお使いください。これを炊き上がったご飯にざんぐりと盛っていただきます。お酒の〆にいかがでしょうか。

辛子和えも丼も、書いてしまえば呆気ないほど単純極まる料理ですが、手をかけすぎず、自然の恵みそのものにほんの少し、人の手を添えた程度がいいい加減かと思います。

春は貝

今となってはお話ししても信じてもらえないようなことですが、私が子供の頃、海の様子は今とはまるで違っておりました。春は名のみ、水はまだ冷たいけれど、思い切って浜の砂に足を突っ込むと、指先で貝をいくらでも漁取《いさど》ることができたのです。瞬く間にアサリやハマグリがそれこそ山のように獲れました。うちに持ち帰ると早速砂抜きして、母が食卓に上らせてくれたのを懐かしく思い出します。

貝という生き物は、環境に対して非常に敏感なところがあるのでしょう、随分前から貝はその数を減らしただけでなく、味も急激に落ちたように思います。それが海の汚れのためか、あるいはもっと大きな気候変動の影響を受けたものかは判りません。

貝は普段、砂の中に潜って暮らし、水中のプランクトンを食べているのですから、汚れを溜め込みやすいという性質があるのでしょう。懸念なく貝を食べることのできた時代がはるかに遠くなってしまったことは、本当に悲しむべきことと思います。何となれば日本ほど海の幸に恵まれ、ことに貝に養われた人々は少ないからです。

一万年以上続いた縄文時代の人々は、けっして未開の人たちではなく、高度の文明を発達させていたわけですが、どうもその力の源に貝があったのではないか。縄文土器のうねるような表面の意匠、力に充ち、かつ洗煉された形を見るにつけ、彼らの感情生活の細やかさ、襞の多い心の動きを思わずにはいられません。その神経を養ったのが、まことに豊かなる海の恵み、とりわけて貝だったのではないでしょうか。途方もない規模の貝塚がそれを証しているのではないかと、私は考えています。

貝を使った料理は数多くありますが、先ほどお伝えしたように、汚れを溜めやすい生き物であるということをお忘れなく、信頼のおける生産者から貝を求めてくださいますようお願いしておきます。

ご家庭ではアサリの酒蒸しなどお作りになると思いますが、春はまた和え物の季節でもあります。十二月に取り上げた煉り味噌の応用にもなりますから、ここでは分葱《わけぎ》とワカメ、貝のぬたをご紹介いたしましょう。ぬたは分葱かワカメどちらかだけ、また貝を筍や烏賊、独活《うど》などに替えても結構ですし(この場合は木の芽味噌がいいでしょう)、いたって応用可能性のあるものです。

復習になりますが、まずは煉り味噌から。今回は白味噌を基本としたものをお教えします。手順は前回よりも少し簡便なものを記しておきます。

鍋に白味噌四六〇グラム、卵黄(一個分)を入れて煉ります。そこへ酒四分の一カップを加えて緩め、弱火でさらに煉ります。煮えがついたところで砂糖三分の一カップを加えて杓文字《しゃもじ》で煉り続けると照りが出てきます。味噌が立つほどになれば出来上がり。冷まして瓶詰めにし、冷蔵庫で保存なさってください(ただし長期の保存には向きません)。

ぬたを作るときは、この煉り味噌を擂り鉢に一〇〇グラムほど取り、米酢・溶き辛子を加えて緩め、和え衣とします。

分葱は塩を加えた湯で茹でて、直ちに水に取り、食べよい長さに切ります。出汁に酒や醬油を加えて味付けしたものでワカメを軽く炊き、冷蔵庫で冷ましておきます。貝は塩揉みしたあと洗い(貝柱は塩揉みしなくても結構です)、適当な大きさに切り、さっと酢で洗います。

おしまいに分葱、ワカメ、貝を米酢、溶き辛子で緩めた煉り味噌で和えれば完成です。気に入った器に丈高く、ざんぐりと盛ってください。和えてから時間が経つと水気が出て、風味も加速度的に損なわれますから、こういうものは決して作り置きせず、その都度作ってお召し上がりください。ともかく日本酒との相性は抜群です。

桃が咲き、菜花が開くと、次は桜が待たれます。この国で最も愛され、数限りなく詩歌に詠われた花。私の父祖の地・金沢では、香ばしく焼き上げた鯛を大鉢に据え、燗酒を注いで作った一種の骨酒《こつざけ》をお客様に振る舞っていたものです。これは御馳走中の御馳走。

鎌倉に暮らすようになってからも、庭の桜が見頃になるとお人を招き、明かりを消し、月の光で花見をしたものですが、その折にもこの骨酒をお出ししていました。鉢を運び出すや否や、わあと声を上げぬ方はありません。月に枝垂桜、そして酒の香気——夢のような数刻でありました。

花見に見えたお客様には、もう思い出の中にしかおられぬ方もあります。花も料理も人々の笑顔も、すべてが幻になってしまいました。年々に咲く花を眺めておりますと、こうして心は限りなく遠い昔に誘われていくのです。

Ⅱ 作る肴 篇

最初の一と品

飲み屋にお出掛けになられる方ならよくご存知でしょうが、酒の肴を注文するにも、やはり順序というものがあります。ご自宅での一献でも最初に欲しいのは、易しく作ることができ、さっぱりした味わいのもの。ここではあまり凝ったもの、時間のかかるものではなく、どなたでも手早く用意することのできるものをお教えしたいと思います。

まずは茹でるだけの蚕豆、枝豆からご紹介しましょう。

蚕豆、枝豆を湯掻く

蚕豆。この豆には独特の香りがあるため、好まない方もあるようですが、他の豆にない甘みのある美味しい豆と私は思います。やさしい塩茹でをご紹介しますが、これさえあればビールが飲めます。

まず蚕豆を手に入れるところから。蚕豆の旬は枝豆より長く、お住いの地域にもよりましょうが、四月も末になると小皺の寄った小さな豆が出回りはじめ、七月末頃までは店先に並んでいます。初夏、蚕豆の旬と少し重なるようにして枝豆が出てきます。どんな豆にも言えることですが、新鮮で身のよく詰まった蚕豆(持ち重りのするもの)を見つけたら、間髪置かずに茹でることが肝心です。

鞘《さや》から傷つけぬように豆を取り出し、たっぷりの塩湯で湯搔くだけですが、くたくたにならぬよう、時々歯触りを確かめたほうが安心です。よいところでざるに上げ、自然に熱を取ります。

ここで少々余談。この豆の鞘は、バラの肥料として抜群なのだとか。確かにバラの花は元気になるようですが、これは一体どういうわけでしょうか？　私は蚕豆を食べては豆の鞘をバラの根元に広げております。

続いて枝豆。ご存知の方もありましょうが、蚕豆以上に、枝豆ほど鮮度の別によって味わいに違いの出る野菜も少ないのです。とれとれの枝豆なら、別段の工夫なくとも誰にでも喜ばれる酒肴になりますから、結局一にも二にも鮮度です。

飲み屋では年中いつでも出てくる肴ですが、枝豆にも季というものがあります。おおよそ六月から夏の盛りまでが旬。この時期を外しても食べられないことはありませんが、やはり味わいに違いがあるのは否めません。枝付きのもの、豆がしっかり肥えて張っているものを選ぶようにしてください。葉付きとはいえ、かさかさ乾いているようなものは避けるのが賢明です。

枝豆は買ってきたら鞘の両端を少し切った上で粗塩を振り、こすり洗いしましょう。これで表面の産毛を掃除し、下味をつけるのです。またこうすることで色よく仕上げることができます。

鍋にたっぷりお湯を沸かし、好みの量だけ塩を加えます。沸騰した湯で二、三分湯搔き、茹で上がったらざるにあけて粗熱を取ります。冷水に取る方もありますが、せっかくの豆の味が頼りなく、水っぽくなりますからお勧めできません。冷やしたりせず、ほんのり温かい加減で召し上がれ。

枝豆ははっきり夏の豆ですが、秋風が立つにしたがって出てくるのが、黒豆の枝豆です。旧暦の九月十三夜には豆をお月様に供えることから「豆名月《まめめいげつ》」という言葉があるくらい、秋もまた豆の季節なのです。黒豆の他にも、同様に茹でて美味しい豆がいくらもあります。有名どころでは山形のだだちゃ豆でしょうか。

一口に豆と言っても決して画一的なものでなく、土地ごとにいろいろの豆がありますから、品種を絶やさぬためにも、どうぞ努めて召し上がっていただきたく、お願いしておきます。

根三つ葉のおひたし

おひたし。これは野菜をサラダとして食べる野趣とは別の、洗煉された食べ方です。湯搔いた野菜を、加減した出汁にそのまま暫く浸し、食べる段になって初めて切り、絞っていただくからこそのおひたし。野菜に醤油をかけ回していただくのもおひたしには違いなく、これはこれで結構ですが、肴としては正調のおひたしのほうがよろしいかと存じます。

ここでは香り高い根三つ葉のおひたしをご紹介しながら、おひたしの作り方、その基本をお伝えしましょう。

まずは加減出汁の準備から。一番出汁をカップに一と二分の一ほど用意し、そこへ酒を四分の一カップ、薄口醤油を大匙二加え、一煮立ちさせます。これが基本となる加減出汁です。これは冷蔵庫で冷やしておきます。加減出汁が整ったら、肝心の野菜を茹でましょう。その前に一つ。

おひたしはほうれん草、小松菜、菜の花など様々な青菜ですでに作っておられると思いますが、最も注意すべきは茹で過ぎないことの一点に尽きます。これはどんなおひたしにも言えることです。また、なかなかそこまで手が回らないとおっしゃる方もありますが、菜というものは葉と軸とで性が違いますから、別々に扱われることを強くお勧めします。ほうれん草であれ小松菜であれ、葉と軸とで味わいや歯触りが違っていることはどなたもご存知でしょう。本来、一緒くたに湯搔いてよいものではありません。例えばここで扱う根三つ葉は、茎の部位によってその性が極端に違っている野菜です。別々に扱うのを、面倒と思わないでほしいと思います。それぞれ最も理に適った方法で扱うことで、食べ物はより美味しくいただくことができるからです。

根三つ葉と殊更に言いますが、これは実は普段よく目にする三つ葉と同じもの。ただ株が大きく、根付きで出回るため、年中店屋に出回っている三つ葉とはずいぶん違ったものに見えるのです。この根三つ葉の茎は、おひたしにして最も美味なるものの一つ。買ってきたら根を切り取りますが、根に近い部分も堅いので食用に適しません。その上のハカマは吸い物の薬味にでもどうぞ。おひたしに最適なのはハカマのさらに上、スーッと伸びて柔らかな部分です。

再びおひたしの鉄則は「茹で過ぎない」こと、と何度でも確認しましょう。根三つ葉はことにそうですが、茹で過ぎると、噛んでパッと口中に広がるべき菜の香気が損なわれ、値打ちは半分も無くなってしまいます。「三つ葉は生でも食べられる。三つ葉は生でも……」と、おまじないのように唱えながら、塩を入れた熱湯で茹でます。ほんの一呼吸、湯に躍らせるようにし、ざるに箸で取り上げ、冷水をかけます。

これを先ほどの加減出汁に浸しておき、召し上がる直前に取り出し、食べよい長さに切って小鉢に盛ります。

根三つ葉のおひたしは味、香りは申すに及ばず、歯触りも楽しい最高のおひたしです。ここへ蒸した鶏の笹身をほぐし入れ、山葵を加えても美味しいのです。ほうれん草や小松菜、菜の花でも同様に作ることができますので、きっとお試しになってみてください。

また、小松菜でおひたしを作られたならば、辛子和えにも挑戦なさってみてはいかが？

この辛子和えは、煮付けたアサリの剝き身を小松菜のおひたしに混ぜたものです。アサリの剝き身が手に入ったときは、酒や醬油で軽く炊いておくと、佃煮としても重宝します。

分量は剝き身四〇〇グラムに対して大匙で酒が三、砂糖が二、醬油が四。ほかに針生姜少々。調味料を煮立たせたところへ剝き身を入れ、さっと煮上げてすぐに引き上げます（煮すぎると身が硬くなります）。煮汁だけもう一度火にかけ、半量ほどになるまで煮詰めたら火を止め、これを剝き身にかけ回します。

辛子を練って、お好みの量を小松菜のおひたしと和え、そこへこのアサリの剝き身を加えれば完成。おひたしの応用編として、覚えておかれるとよいでしょう。

胡瓜揉みと胡瓜の胡麻酢和え

ここまで蚕豆、枝豆、おひたしと紹介してまいりました。次は胡瓜揉み、胡麻酢和えをお教えしましょう。

胡瓜は今や一年中手に入るものですが、夏の盛りのみずみずしい力に溢れた新鮮そのものの胡瓜を手に取ると、すべてのものには旬というものがあると合点させられます。胡瓜はやはり夏の食べ物と思います。

胡瓜に限らず、瓜の類には腎気を養う効能があるのだとか。利尿作用についてはどなたもご存知かと思いますが、こうしたことからも胡瓜は、万事くたびれがちな夏の食べ物であることが知られましょう。

胡瓜揉みは大変易しい料理ですが、トントンと調子よく薄造りにし過ぎてはなりません。紙のように薄く切った胡瓜は味気がない。歯触りを楽しめる程度に切っておくことが肝心です(このことは「読む肴 篇」の「夏を迎え撃つ」にも書きましたからご参照ください)。

胡瓜に塩を当てたのちに切り、絞っただけともいえる胡瓜揉みの一つの問題は、水が出てくることでしょう。これは水分の多い野菜に塩気のある調味料を合わせた以上、やむを得ないことではありますが、できることなら水っぽさのない胡瓜が食べたいものですね。胡瓜の胡麻(酢)和えをご紹介しながら、この水っぽさを抑える祖母の秘伝をお教えいたしましょう。

まずは胡瓜の和え衣の準備からかかります。

胡麻衣用に、まずカップ一の白胡麻を用意なさってください(この分量で作ると、十五人分から二十人分もの衣になりますが、あまり少量で作るのは効率的でないでしょう)。ご自分で胡麻を煎れば、一層香り高くなります。ここから少々忍耐が要りますが、擂り鉢と擂り粉木を使って、胡麻から脂が出、滑らかになるまでよく当たります。ねっとりするまで根気よく当たることが、美味しい胡麻和え衣を作る第一のコツ。こうなるまでに少なくとも二十分はかかると思いますが、ここが辛抱のしどころです。ここへ塩を小匙二分の一、大匙で味醂を四、薄口醬油を三加えれば、元となる胡麻衣ができます。

ここまで準備できたら、胡瓜の皮を縞目《しまめ》に剝き、こすり付けるように全体へ塩をして、しばらく置きます。すると表面に露が浮いてきますから、この露で味を見て、塩気が強すぎると感じたならさっと洗います。その上で厚さ二ミリほどの小口切りし、布巾に包んで絞ります。これが胡瓜揉みです。これだけでも酒の肴になるでしょう。

この胡瓜揉みに胡麻衣を合わせて召し上がるのも結構ですし、もう一つさっぱり召し上がるならば、先ほどの胡麻衣を元にして胡麻酢を作ってみてはいかがでしょうか。

胡麻衣を大匙三、酢を小匙二から三、そしてここが祖母の一大工夫、ゆで卵の黄身を一個分加えるのです。そうすると水の出にくい胡麻酢が手に入ります。ゆで卵の黄身のおかげで、胡瓜と胡麻酢を和えたとき、水の滲出を抑えることができます。胡瓜揉みと和えれば、胡瓜の胡麻酢和えの完成(胡瓜ならば、残ったゆで卵の白身を刻んで混ぜても美味しいので、無駄なくお使いください)。

苦味の王様、蕗の扱い

春の足音が聞こえてくると、蕗をお酒の肴にしたいという方もおられますでしょう。早春から五月頃にかけて店先に並ぶ蕗はキク科の植物で、それがために、菊花にも似た香り高さを持っていることが第一の特長。また蕗には大変上品な苦味が備わっており、これが酒と堪えられぬ相性を見せるので、酒飲みには特に喜ばれます。蕗の薹ならば蕗味噌、葉は佃煮、茎は伽羅蕗《きゃらぶき》にと、様々に楽しむことができます。

まずは蕗の薹を使った蕗味噌からまいりましょう。

春のものはいずれもそうですが、蕗の薹も数日のうちにトウが立ってしまいますから、蕗味噌が楽しめる時間は実際、大変短いのです。蕗の薹が手に入ったら逃さず求めて水で洗い清め、塩湯でさっと湯掻きます。引き上げてしばらく水に晒しておき、水気を固く切って、細《こま》に刻みます。

ここで擂り鉢に適量の胡桃(むきぐるみ)を取って擂り粉木で丁寧にあたり、この胡桃と同量の味噌を加え、少量の味醂で擂り伸ばします。胡桃と味噌を合わせたものとさらに同量の、刻んだ蕗の薹を加えて混ぜ合わせれば蕗味噌の出来上がり(要するに胡桃と味噌、蕗が一対一対一の割合です)。

蕗の薹の旬が済んでしまっても、蕗の葉の佃煮や伽羅蕗は、しばらく楽しむことができます。といっても、佃煮ならやはり若い蕗で作ったものの味が一番。目安としては、茎が竹串くらいのほっそりしたもの、とお考えください。そんなもの見たこともない、という声が聞こえてきそうですね。これほど若いものですと、店屋に並ぶことは少ないかもしれません。

蕗が手に入ったら、まず葉と茎に分け、それぞれよく洗います。繰り返しますが、葉物野菜の扱いはこのように葉と茎とを分けて扱うことが肝要です。そうなさらない方が多いのはなぜでしょうか。手数と言えばそう言えなくもありませんが、元来性の違うものを一緒に扱うのは無理というもの。佃煮は時間のあるときに拵えておくものですから、なおさらこうした丁寧な扱いをお勧めしておきましょう。では蕗味噌に続き、佃煮の作り方を。

蕗の葉は塩茹でし、火が通ったら水に放って、しばらく置いておきます。こうしてアクを抜くのです。その後、これらを細かく刻んで絞り、鍋に入れます。仮にこうして用意した蕗の葉が一カップとして、昆布出汁がカップで二分の一、酒が四分の一。薄口醬油を大匙三、梅干しの種(一粒)を加えて蓋を着せ、煮汁がほとんどなくなるまで弱火で気長に炊きます。炊き上がったら梅干しの種を取り出し、種を除いて小口切りにした赤唐辛子を混ぜ込めば蕗の葉の佃煮が完成。これは酒の肴としてだけでなく、お粥に添えても絶品ですし、炒ったちりめんじゃこを加えても大変美味です。

そして伽羅蕗。伽羅というのは大変香りのよい貴重な香木のことですが、伽羅のような暗褐色になるまで醬油を加えてじっくり炊くことからこの名がついたと聞きます。醬油が貴重品だったことに掛けた名付け、という説もあるそうです。

下拵えからまいりましょう。「板ずり」という調理法をご存知でしょうか? 胡瓜やオクラなどの野菜をまな板の上に置き、塩を振って手でごろごろと転がしてやることです。下味をつけるという意味もありますが、表面の産毛やいぼを除くためでもあります。

蕗の茎をまな板の上に置き、多めの粗塩を振ります。これを手で転がしているうち、いくらか皮が剝けてくるかもしれませんが、そのまま板ずりを続け、水で塩を洗い落としてそのまま一日、陰干ししておきましょう。

水温む頃，まだ硬い土の中からまるで申し合わせたように，蕗の薹が顔を出す．茹でると早春の香気が辺りに満ちる．菊の花弁もそうだが，蕗はこのようにざるごと茹でると扱いよい．

次に木灰と水を合わせ、濾した灰汁を用意し、陰干しした蕗を長いままさっと茹でて、すぐ水に取り、しばらく晒します。これを食べよい長さに切ったのち、もう一度コトコト気長に炊きます。

蕗が五〇〇グラムとした場合、調味料は濃口醬油と酒が半カップずつ、味醂が四分の一カップ(もう少し減らしてもよい)、湯を少々、梅干し一粒、種抜き唐辛子一本。これらを全て鍋に収め、落とし蓋、さらに鍋蓋をしてゆっくり炊きます。煮汁がなくなれば完成、というもので、書いてしまえば至って簡単なのですが、うっかり焦げつかせぬよう、その点だけはご注意ください。

伽羅蕗はお肴としても結構ですが、これまたご飯のお供に最高ですから、蕗が手に入ったときには作っておくと便利でしょう。

保存性を高めた佃煮というのは常備しておくもので、伽羅蕗のようなものからアサリ、鰹といった動物性のものまで、いろいろ覚えておかれるとよいと思います。動物性のものの場合、臭みを収めるために生姜を使うことが多いのですが、次にご紹介する鰹の佃煮はまさにその例です。

鰹の佃煮

酒の肴として、鰹はいろいろな薬味(葱、針生姜、土地によってはニンニクなど)を用意の上、お造りで召し上がるのが一等かと思いますが、何しろ大きな魚ですから持て余すこともありましょう。そうしたとき、佃煮にして保存しておくことを思い出してください。

まずは調味液を作りましょう。酒一に、味醂と濃口醬油がそれぞれ二分の一から三分の一の割合でこれらを一緒に合わせ、賽《さい》に切った鰹を漬けて冷蔵庫に一晩置いておきます。時々天地を返してやるとなお結構です。

翌日、まず鰹を引き上げ、漬け汁だけ煮立ててやると表面に泡が浮いてきますから、これを濾し除きます。生姜の皮と薄切りを適量加え、ここに鰹を戻し入れて弱火でゆっくり煮含めれば佃煮の完成。難しいところは何もないでしょう。

食べ物の「保存性」をどのようにして高めることができるか、鰹の佃煮はその一例と思います。刺身のままでは保存がきかない魚でも、醬油で煮含めることで日持ちするようになります。しかしそれも数日のことです。さらに保存性を高めようとなれば、いずれもご家庭では困難ですが、例えば鰹節のように煙で燻し、乾燥させるという方法が一つ、あるいは缶詰にするという方法もあります。

頻発する自然災害、また極めて憂うべきことですが、戦争などの非常のことが出来した場合、大袈裟ではなく、こうしたものの考え方が生死を分けることもあろうかと思われます。それを思うとき、ごく新鮮なものを、生に近いかたちで思うままに食べることができるというのは、何よりの僥倖と言えるでしょう。

ここまで酒の肴として最初に欲しい一と品として、蚕豆・枝豆、根三つ葉のおひたし、胡瓜揉みに胡麻酢和え、蕗味噌や鰹の佃煮をご紹介いたしました。

あまり手に入れにくい材料を使った料理、手の込んだ調理法は避け、どなたでも簡単にお試しいただけるものに限ったつもりです。何度か作ってみられるうちにご自分の好みの味がお分かりになると思いますから、それに合わせて、ご自身だけのお肴を見つけてください。方法さえ身についてしまえば、材料が変わってもぱっと応用できるようになるでしょう。

いつもの肴

いつもの酒席、これが私の定番、と呼べるものがどなたにもおありでしょう。飲み屋に行けばきっと注文するあれこれ。ここではそうしたものからほんの十数品、ご紹介いたします。この品数で酒の肴を幾らかでも網羅的に紹介したつもりになるのは無理ですが、ある料理を手掛かりにそれを別へ応用できるよう、基となる事柄はなるべく落とさぬよう、注意して書き置くことにいたします。ご紹介するのは順に、

蓮根のきんぴら
ピリ辛こんにゃく
ふろふき大根
豆腐田楽
鰹のたたき
煮魚

鯖の酢〆(〆鯖)
貝の酒蒸し
おでん
葱鮪《ねぎま》鍋
焼き豚
鱈の白子のオリーブオイル漬け

まずは旨そうなお肴だな、これで飲みたいな、と思ってくださったら嬉しい。
この順に、というのは、野菜類を濃い加減の味で炒り付けるという方法、味噌を用いた肴、魚の扱い、蒸し物、温かい鍋、肉の扱い、漬けたもの――と、緩やかながらもある筋道を読者に見取っていただきたいからです。もちろん、あらゆる料理法がこれらに集約できるということはあり得ませんが、点的に料理を覚えるのではなく、材料や方法のうちになんらかの線を見出し、いずれ面として「料理」というわざをご自分のものになされば、料理は負担というよりむしろ楽しみに属するものであることも、自ずから諒解されることと思います。

蓮根のきんぴら

きんぴらというのは、最も親しいお菜の一つと思います。蓮根の他にも牛蒡や独活なども使われますが、きんぴらに向くのは繊維がしっかりしていて歯触りのよい野菜です。そう考えれば、例えば大根の皮もきんぴらにして美味しいものの一つであることがお分かりになるでしょう。こうした野菜にはしばしばアクがありますから、丁寧にアク抜きすることが肝心です。

私の父祖の地・金沢は蓮根の美味しいところです。ここでは蓮根を素材に、きんぴらを作ってみましょう。

蓮根の旬は秋から冬。ハスの根茎ですが、穴が通っていることが「見通し良し」という縁起かつぎになって、今でも御節のお重には必ず入っております。掘りたての蓮根が最上というのは申すまでもありませんが、店屋ではどこを見れば鮮度がわかるか、ご存知でしょうか。一つは蓮根の肌で、乾燥しているようなら掘ってから時間が経っています。また、切り口や穴の中が褐色を帯びているものも同様ですから、避けるようにいたしましょう。葉物野菜はどなたにとっても鮮度を見てとりやすいものですが、牛蒡などの根菜、芋類はお求めの際にも、よく注意なさってください。

蓮根(ここではひと節、およそ二〇〇グラムほど)はまず皮を剝き、食べよく切ります。庖丁を入れるということは、つまるところ、繊維をどう裁ち切るかということです。野菜や肉、魚の繊維がどこをどのように走っているか、よくご覧になったことはおありでしょうか。当然、切り方の別で歯触りが変わります。きんぴらの場合、お好みで乱切りにしてもよろしいし、輪切りでも構いません。火の通りが均等になるよう、同じ調子で、おおよそ同じ目方になるように切ればよいでしょう。その意味で、乱切りというのは切りものの中では難しいもののうちに入ります。

切った蓮根は、水に浸けておきます。

ここから先は素早く行います。鍋を温めたところへ胡麻油を大匙二加えます。油が熱くなったら水から引き上げて、よく水切りした蓮根を加え、さっと炒めます。蓮根の肌が透けたようになれば火が通っていますから、小匙二の砂糖と大匙二弱の濃口醬油を入れて煮上げます。火を止め、種を除いた輪切りの鷹の爪を混ぜれば完成です。

少々余談。食べ物への火の入れ方については、いろいろな表現がありますが、この「煮上げる」以上に通じにくくなっているのが「炒り付ける」かもしれません。「炒る」はまだ通じますが、単に「炒る」では、火を入れながら汁気を飛ばし、味を染み込ませるという感じが出ません。言葉が通じないというのは至って不便なものです。「でっちる」(拇指球、つまり親指の付け根の膨らんでいるところを使って、ものを捏ねるようにすること)、「うるかす」(水に浸してふやかすこと)に至っては、もう死語になってしまったかに見えます。

次はこんにゃくを炒り付けたピリ辛こんにゃくをご紹介することにいたしましょう。蓮根のきんぴらと手順はよく似ています。

ピリ辛こんにゃく

こんにゃくは、蒟蒻芋を擂り、熱を加えたものに石灰を加えて固めたものですから、アクの臭いがするのも当然です。そのため、まずは塩をしてよく揉み、たっぷり沸かしたお湯で三分ほど茹で、さらに水に放って臭いを取るところから始めます。蓮根、牛蒡でもそうですが、はじめにきちんと掃除や手当をして味を澄ますことが大切です。

こんにゃくはその豊富な食物繊維で知られていますが、野菜の筋とは違います。ですから繊維がどう通っているかではなく、むしろ味の入りにくいものにどう庖丁を入れると味が浸みやすくなるか、どういう食感を得たいのか、そうしたことをお考えになるのによい食べ物です。味を浸み込ませるため、表面に細かく庖丁を入れるという方法もありますし、手でちぎることで表面積が増すようにするやり方もあります。手綱にしても、目指すところは結局同じです。ぷるぷるとした食感を得るために薄く切るか、歯触りを楽しむために気持ち厚めとしておくか。

鍋にサラダ油、胡麻油をそれぞれ大匙一加えて熱します。そこへ水を切ったこんにゃくを入れてしばらく炒めます。エンジンを噴かすような不思議な音がするはずです。火を弱めたら醬油、酒をそれぞれ大匙二。こんにゃくに味が入るまで火を入れます。調味料の嵩《かさ》が徐々に減ってきますが、こうして汁気が飛んでいくのと並行してこんにゃくに味が入っていくのです。これが炒り付ける、です。火を止めてから種を取った鷹の爪を散らせば、ピリ辛こんにゃくの出来上がり。お好みですが、あまり早く鷹の爪を入れると辛くなりますからご注意ください。

ふろふき大根

諸外国では伝統的にどのようにして蛋白質を摂ってきたかに注目してみると、大変面白いことがわかると思います。風土と人間の関わりが見えてくるからです。例えば寒冷・高燥な地域では動物を家畜化し、その毛皮で暖を取りつつ、乳を加工してチーズとして食します。植物由来の蛋白質としては豆が筆頭にあるわけですが、そうしたものが満足に育たない場所や国では、家畜との共生が生命線になっているわけです。

一方、日本では植物性蛋白質を豆類、ことに大豆から摂取しています。この豆を原料に、発酵させた味噌や醬油といった調味料があり、納豆があり、また豆腐、その加工品であるところの高野豆腐、あるいは湯葉があり、それらは総体として「豆文化」と呼んでよいほど。分けても味噌や醬油については、私たちの食事に欠かすことのできないものでしょう。

味噌の扱いは、どうも難しいものに考えられすぎているところがあるように思われます。熟《な》れた塩の味として味噌は大変ありがたいものなのですから、味噌汁以外でも使いこなして欲しいと強く思います。ですから、ふろふき大根をご紹介しながらも、味噌の扱いをなるべく丁寧にお伝えしたいという気持ちで筆を執ります。煉り味噌については「読む肴 篇」にも書きましたから、併せて参考になさってください。以下に記す作り方は、より簡便な作り方です。

味噌に様々な種類がある以上、一口に煉り味噌と言ってもいろいろのものがありますが、大きく言って赤味噌を使うか、白味噌を使うかの別です。変わり煉り味噌として、例えば白味噌に柚子を加えて柚子味噌にしたり、木の芽を入れて木の芽味噌にするわけです。

《赤味噌を使って》

塩分の多い味噌を味醂や砂糖で調えたものです。鍋に赤味噌四〇〇グラム、酒を三分の一、水を二分の一カップ、加えます。砂糖は標準で二四〇グラム、甘めがお好みならば二八〇グラムまで増やしてください。これらを鍋の中で混ぜ合わせ、ごく弱火で丁寧に煉りあげます。時間にして三十分ほどはみてください。よく煉ったところで、煮切った味醂を三分の一カップ加えると照りが出ます。赤味噌の代わりに、八丁味噌をお使いになってもよいでしょう。赤味噌で作る煉り味噌は多少日持ちがしますから、常備しておかれるとさっと気の利いた肴を用意することができます。夏でも十日ほどはもつものですから、母・浜子は茄子の油焼き(味噌焼き)によく使っておりました。

《白味噌を使って》

白味噌で作る煉り味噌にも、少し赤味噌を加えることがあります。割合にして白味噌、赤味噌で四対一、こちらも全量で四〇〇グラムの分量とします。

二個分の卵黄を酒二分の一カップで溶き合わせます。これを白赤混ぜた味噌に加え、さらに煮切った味醂四分の一カップも入れ、全体をよく混ぜ合わせましょう。ここから火を入れ、焦げ付かせぬよう木ベラで煉り続けます。時間にして二十分ほどでしょうか。赤味噌と比べると、日持ちはいたしません。

この白煉り味噌を基本に、木の芽味噌、柚子味噌など作ることは既に書いた通りです。

煉り味噌ができたら、いよいよ大根にかかりましょう。

大根は昆布と洗米を加えて水から炊くのが基本です。部位の別による大根の性について、また梅干しを一粒加えて炊く方法などについては、「読む肴 篇「歳暮の滋味」」をご参照ください。出汁で炊く場合もありますが、基本は次の通りです。

二・五センチから四センチ厚に大根を切り、皮を剝いて煮崩れせぬよう面取りします。大根の切り口の片面に十字の隠し庖丁を入れれば庖丁仕事はおしまい。

鍋に昆布、洗米三分の一カップを入れたところへ大根を据え、それが隠れる程度に水を張ります。硬い大根はいただけませんが、ぐずぐずになるほど軟らかく煮るのも美味しくあり

ねっとりした煉り味噌，針柚子とともに，熱々を召し上がれ．ふろふき大根は冷めぬよう，昆布を敷いた深めの皿に盛った．薄切りにした大根を三杯酢に漬けると，歯触りのよい箸休めとなる(写真奥)．

ません。様子を見ながら、吹きこぼれぬようコトコト炊きましょう。

この大根に、温めた煉り味噌をのせていただくのですが、ふうふう言いながら食べるのでなければ値打ちがありません。それには器を温めておく、あまり平たい皿ではなく見込みの深い皿を、あるいは蓋のついた木の椀を使うなど、こうしたところほど手抜きしないで欲しいと思います。仕上げに大根の煮汁を器に少し張ってもよいでしょう。

豆腐田楽

煉り味噌を使った酒の肴の定番といえば、田楽を忘れるわけにいきません。ここでは豆腐の田楽を紹介しますが、他にもこんにゃく、里芋など、皆様工夫なさっておられることと思います。

何よりも、よい木綿豆腐をお求めください。食べ比べてみれば、どこの豆腐でも同じ、ということは決してないのです。豆の種類、品質、産地に間違いがないもので、ご自身でよしと思われる豆腐を見つけることです。

木綿豆腐を短冊に切ります。これを清潔な布巾の上に並べて水を切ります。私は重石をかけません。重石をかけると豆腐が締まり過ぎてしまうようです。

水気を切った豆腐に串を打ちます。串は竹を裂いて作ったものが使いよく、また田楽らしいのですが、串を使わなくても田楽にはなります。とはいえ柔らかい豆腐を扱うので、細い串ではあまり役に立たないでしょう。

囲炉裏の灰にこの串を刺し、よく熾った炭で豆腐を焼いてください、とは当今なかなか難しい相談でしょう。やむを得ずガスの火に頼ります。まず片面を乾かすつもりで焼き、ほどよく焼けたら返します。反対側を焼いている間に煉り味噌をさっと塗りつけ、もう一度返して味噌を塗った面を焼きます。軽い焼き目がつけばよいでしょう。工夫次第でオーブンやトースターを使うこともできます。田楽は冷めやすく、そして冷めると美味しく感じられない料理ですから、温めた皿に取るようにいたしましょう。

次は魚の扱いについて記します。

鰹のたたき

酒の肴に魚料理を好まれる方は大勢おられると思います。海に囲まれた日本列島は、世界的にも実に多種多様の魚が寄ってくる好漁場と聞きますし、それが故か、魚料理も各地で様々に発展し、とても「たたき」「煮魚」「酢〆」という三つの方法だけで語れるものではありません。ここでは鰹と鯖という手に入りやすい魚の美味しい食べ方として、それぞれ「たたき」「酢〆」をお教えし、つまについて申し添え、もう少し汎用性のあるものとして「煮炊き」についても書き添えておこうと思います。

種々の香り高い薬味とともにいただく鰹のたたきの旨さは、皆様よくご存知と思います。

「目には青葉山ほととぎす初鰹」と申しますが、気温が上がってくると脂の乗ったお造りは少し重たく感じられます。初夏、汗ばむようになったら、ひんやりした鰹のたたきを香り高いつまとともに、爽やかに楽しむに限ります。

鰹の初物を求めることはありません。値が落ち着いて求めやすくなった頃でよいのです。鰹は半身を背と腹と、二節に下ろします。これに塩を軽く振り、鉄串を四、五本、扱いやすいよう扇型に打ちます。鰹のたたきは藁の火と煙を当てるのが一番ではありますが、これも「田楽は囲炉裏でじっくり」というのと同じで、現在では難しいでしょう。鰹は大きな魚ですから、人寄せしてみんなでワイワイ言いながら召し上がるのが一番いいのかもしれません。バーベキューがお出来になる方なら、本式に藁を使っても楽しい思い出になりますでしょうね。とはいえ、農薬がかかっていない藁を探すのもこの頃は実に難しいことになっているようです。ご家庭ではやはりガス火で焼くことになりましょう。

まず皮目に強火を当てて、鰹の脂が爆《は》ぜるようにするとよいでしょう。一方、身側は色が白っぽく変わる程度で結構です。

焼き目がついたら冷水をかけ、その後串のまま氷水に浸けて急冷します。ある程度冷えたら水気を拭き取り、串を抜き、血合いを丁寧に除きます。ここで柑橘類の絞り汁をふりかけてもよいと思います。

鰹のたたきは薄造りにするものではありません。普段召し上がっておられる赤身のお造り

我が家の周りをひと巡り，籠いっぱいに香りのものを集める．赤紫蘇，穂紫蘇，青柚に茗荷．固く締まった茗荷で作る「即席柴漬け」(189ページ参照)は，食の細りがちな夏の常備菜としても．

より、気持ち厚めにお切りください。背側と腹側で異なる味を楽しむことができます。

鰹のたたきをお教えしたのには、この魚が求めやすいということの他に、もう一つ理由があります。鰹のたたきについて書けば、つまについても触れざるを得ないからです。

つまというのは、ご承知の通り、お造りやおつゆのあしらいとして添える野菜や海藻のこと。つまのない刺身というのは考えられないでしょう。貝柱、青柳貝のお造りには新ワカメと甘草《かんぞう》という具合に、全くこれ以外にはないと言えるほど美事な組み合わせというものがある。無地の皿に魚の切り身が三切、四切、ぽつんとのせられている様子というのはあまりに間が抜けています。

何も見た目のことだけでなく、つまは冷蔵技術、物流の未発達だった時代に、中毒を避けるという応分の役目を負っていたのでしょう。薑《はじかみ》のついていない鰆《さわら》の焼き物、吸い口のないおつゆ、生姜の甘酢漬けがないにぎりなどは、どなたも違和感があると思います。

酒の肴は易しくできて美味しくて、しかも気の利いたものであってほしいと私は考えます。あってもなくてもよいものなら、なおのことそうでしょう。お造りに香り高いつまをそっと添えることで、どれほど酒席が豊かになることか。どんなに洗煉された季節の表現が可能になるか。一年中、大根に青紫蘇では曲がありません。では、どういうつまがあるのかと申しますと、例えば、

《春》独活、芽甘草、木の芽(山椒)、春蘭、海苔(おご、水前寺など)、ワカメ、芹、分葱、芽葱、浅葱《あさつき》、ぜんまい、わらび、うこぎにクレソンなど
《夏》胡瓜、花丸胡瓜、青紫蘇、茗荷、三つ葉の花、浜防風《はまぼうふう》、花柚子、新生姜、蓼《たで》
《秋》茗荷の子、防風、穂紫蘇に菊
《冬》芽紫蘇、芽蓼、板わらび、おご海苔

他にも様々なものがありますが、代表的なものを書き置きました。つまは大変結構なものですが、同時に、ほんの一箸あれば足りるものでもあり、買うとなれば実際なかなか値の張るもの。海苔などは無理としても、庭のある方は四季を通してつまが楽しめるよう、お好きなものの種を蒔いたり、苗を植えておかれると経済的でしょう。庭がない方でも、ベランダがあればつまや香りのものは育ちます。よほど空気が悪いのでなければ、山椒の苗、柚子はお持ちになり活用なさってはいかが。

煮魚

煮魚というものはどこの家庭でも、またどなたでも召し上がる、日常もっとも親しい料理かと思っていたらさにあらず、この頃では周りの方々にお尋ねしても「最後に作ったのはいつかしら」という具合です。

魚を刺身的に食べるのは美味しいものですが、それでは魚の骨の滋養まで、丸ごと体に摂り込むことはできません。私は煮魚の身をいただいたあとに湯を注いでおつゆを美味しく頂戴したり、あるいは煮汁で豆腐を炊いたり、なるべく骨の養分を得られるように、と気をつけています。

お菜の一つとしては申すまでもなく、酒の肴としてなら、カサゴ、ホウボウ、金目鯛。アコウ鯛、鰈(石鰈、目板《めいた》鰈など)の煮付けなら花マル。もう少し大衆的にいくならば、鯖、鰯、はたまた鯛のあら。煮付けをせせりながら、冷酒をきゅっ。堪えられない楽しみではありませんか。

一口に煮魚と言っても、一応ふさわしい味付けというものがあるかと思います。細かく書き出せばうるさいので、つい「魚の面《つら》を見て決めて」と言ってしまうのですが、それではお困りの方もありましょう。白身魚でごく新鮮なものならば、昆布出汁に酒と醤油、少しの味醂でさっと煮上げれば上々と思いますが、鮃のエンガワなど白身でも脂の強いもの、鯛の兜などはもう少し醤油、砂糖を効かせて。青魚も同様で、白身以上にしっかり味加減するのがよいと思います。必ずしも出汁で炊く必要もありません。

基本となる調味料の配合を、左に割合で記します。全て昆布出汁、あるいは水一に対する分量です。煮汁の目安としては魚が被るくらいがよいでしょう。これを基本に、ご自身のお好みで加減なさってください。

《白身魚》煮切り酒(酒に火を入れてアルコールを飛ばしたもの)四分の一、煮切り味醂または甘口の地酒八分の一、醤油四分の一

《鰈など》煮切り味醂または甘口の地酒三分の二、醤油二分の一。味醂なしなら、煮切り酒三分の二に砂糖三分の一、醤油二分の一

《青魚》煮切り酒二分の一、砂糖二分の一弱、醤油二分の一強、さらに仕上げに醤油大匙一から二

料理屋では醤油と酒だけで煮上げることもあるようですが、家庭の経済を考えれば、また小さいお子さん方がおられるところではそうもいかないでしょう。右の分量を参考に調整してください。

さて煮魚の作り方ですが、煮汁を煮立て、魚を入れ、落とし蓋をして煮るのが基本、とまずは記憶してください。煮汁は、魚を入れたらパッと色が変わるような温度でなくてはなりません。

煮魚で難しいのは火加減です。魚の大きさを考え、火がきちんと通るように、汁が具合良く煮詰まるようにしなければなりません(中まで火も通らぬうちに煮汁が煮詰まって辛くなる、といったことのないように)。もう一つ大切なのは、落とし蓋をすることです。蓋をすること

で煮汁が魚の上まできちんと被り、魚の天地を返さなくても済みますし、自然、身が崩れるのを防げます。汁の吹きこぼれも避けることができます。木蓋がなければ、ワックスペーパーを鍋の寸法に合わせて丸く切ったものを使うのでもよいでしょう。

以上が基本です。煮魚が自在に作れるようになったら、鰯や鯵を酢煮にしたり、鯖の味噌煮などにも挑戦してみてください。

鯖の酢〆(〆鯖)

たたき、煮魚とご紹介してまいりましたが、おしまいに「締める」という調理法について書いておきましょう。これは辰巳家流の作り方です。

魚を酢で締めることによって、足の早い魚の保存性を高めることができるため、酢〆という調理法は覚えておかれるとよろしいでしょう。それだけでなく、身が柔らかい魚も締まって扱いよくなりますし、また酢の働きによって小骨も軟らかく、食べよくなります。青魚特有の臭いを抑えることもできるのです。何より、酸味のあるものは酒、ことに日本酒との相性がよいので、酢で締めたお肴は是非ご自分のものになさっていただきたいと思います。

酢〆、あるいは昆布〆については、「読む肴 篇「寒の美味」」で具体的な数字も示しつつ、原則を書き記しましたので、そちらも参考になさってください。酢〆は、どういうわけか凝ったもののように思われている方もおられるようですが別段難しい料理ではなく、どなたでもお出来になると思いますから、ここでは鯖を酢で締めるやり方をお教えしておきます。

まず、三枚に下ろした鯖をざるに並べ、鯖の身の両面に塩を振りかけます。と、魚を三枚に下ろせることを前提に書きましたが、読者の中には魚を下ろすことに慣れておられない方がいらっしゃるかもしれません。こうしたことは、いくら本を読んでもできるようにはなりません。実際に手を動かし、何匹でもまずは下ろしてみられることです。そのうち、どんな魚でも下ろすことができるようになります。

さて、この身(サク)に塩を振るのですが、これはおっかなびっくり、恐る恐るなさるのではなく、雪が積もったように思い切り振りかけ、三十分から一時間ほど、そのままにしておきます。

その後、塩を払って一度さっと水で洗い、ここから酢洗いの作業に入ります。つまり酢で魚の身をさっと洗い、また別の新しい酢に三十分ほど置くのです。念入りに締めるつもりであまり長く置くと、かえって生臭みが際立つ結果となりますから、酢洗いの加減についてはご注意ください。このとき、生姜の薄切りや柚子の皮を浮かせた酢を用いると、爽やかな仕上がりとなります。

酢から引き上げ、清潔な布巾で酢を拭き取ったら、破らぬよう、そっと鯖の薄皮を剝ぎ取ります。皮をすっかり剝いだあと、血合いや骨のある部分も、少し大きめに取り除くようにいたしましょう。特に血合いの処理が大切で、ここを丁寧に除くことは青魚の食べやすさを大きく左右します。

あとは、一息で庖丁をすうっと引くようにしてお好みの厚さに切り、皿に盛り付けます。穂紫蘇、蓼のほか、茗荷の細打ちや白髪葱、水に晒した青紫蘇の千切りなど、季節が感じられるようなつまを添えて召し上がれ。

貝の酒蒸し

一般に貝類は、その身や殻に濃厚な旨味、貝それ自体に塩気がありますから、格別味付けをしなくても大層美味しい肴になるのが、何と言っても嬉しいところです。

貝はハマグリ、アサリなど手に入りやすい二枚貝をお使いになるとよいのですが、料理としては為所《しどころ》が少なく、素材の良し悪しに出来栄えがかかっているところがあります。そのため、うまく買い物をするというのが料理以前の心得その一、ということになりましょう。

まずは殻の張り具合やツヤを見ることですが、貝の鮮度は臭いで確かめるしかないでしょう。それも難しいとなれば、信頼できる店かどうか、それよりほかに消費者ができることは少ないと思います。

よい貝を手に入れたとして、まずは砂抜きから始めましょう。ここではハマグリを使った酒蒸しをご紹介します。

海水程度の水に放ち、貝によく砂を吐かせます。そのあと、貝に塩を振ってこすり洗いし

塩と酢でしっかり締めた鯖の充実した美味しさ．脂の強い青魚の，うまい食し方と思う．塩加減，酢加減を変えれば同じように色々な魚を締めることができる．つまは多めに用意すると楽しい．

ます。貝の殻は結構汚れているものなのです。これを清潔にすることで、濃厚でありながらも澄んだ味わいを引き出すことができます。それでもなお臭いが気になるようであれば、レモン汁を振って臭みを収めることも一応お考えください。

あとはハマグリを深めの皿に並べ、酒をさっと振りかけて蒸し器で蒸せばよいのですが、貝は加熱し続けると身が硬く締まり、縮んでしまいます。せっかくの貝がそうなっては台無しですので、貝の口が開いたら一度、皿に取り上げておくことをお勧めします。最後の貝が開くまで蒸し続けるのでは、最初に開いた貝の身が硬くなってしまうからです。召し上がる際には、柑橘の汁をさっとかけ回して召し上がってもよろしいでしょう。

と、これが貝の酒蒸しのあらましではありますが、当今手に入る貝は、もう少し手を入れなければ臭みが気になることも多々あります。以下に記すのは、香味野菜を用いて臭みを収めたものですが、日本酒の肴というよりは白ワインのお供になりますので、念のため申し上げておきます。

土鍋に砂抜きした貝を入れ、日本酒の代わりに白ワインを、またニンニクやローリエを加えて蓋を着せて熱します。あとは同様に、口が開いた順に皿に引き上げるだけ。

こうして臭いのない、美味しい貝を召し上がっていただきたいと思います。それでも臭いが気になるとなれば、これは貝の質そのものに問題があると考えざるを得ません。

おでん

ここからは、煮炊きしたお肴のご紹介です。いわゆる鍋物ですが、寒い冬の晩など寒さが身に堪える日には恋しくなる肴の一つでしょう。

鍋物はご家庭のもの、という感じがして、特にお一人暮らしの方の中には、何となくこれを避ける向きもあるようです。一抱えもあるような鍋の前でお一人、箸を動かしているのはちょっと、とお思いになるのも無理はありません。そういう方には小鍋をお持ちになることをお勧めします。おでんは小鍋でお一人分作ってもなかなか味が決まりませんから、普通の土鍋でお作りになるとしても、食卓へ持ち出すときに小鍋に移し替えると、おかしな感じはしません。こういうことこそ億劫がらず、気分良くお酒を召し上がってください。

それでは早速おでんの作り方をお教えします。といっても、皆様めいめいにお好みのおでん種があるかと思いますので、基本的なことだけです。

おでん種で人気のあるのは大根、玉子、がんもどきなどでしょうか。出汁で炊く前に仕事が必要なものには芋類、大根があります。そのまま煮ると全体に良からぬ味が出るようなもの、汁にぬめりが流れ出すものには、あらかじめ手当をしておくとよいでしょう。

大根は二・五センチから四センチ厚に切り、皮を剝いて下茹でします。臭いが気になるならば一摑みの洗米を加えて炊くと、米が臭いを引き寄せるのでよいでしょう。こんにゃくも一度下茹ですることをお勧めします。おでんに向く芋には里芋、海老芋、八つ頭がありますが、いずれも皮を剝いて塩茹で、あるいは糠水で茹でるとアクが抜けます。すじ肉もおでんに加えて美味しいものですが、さっと下茹でするとやはりアクや汚れが取れて、おでんのつゆを濁しません。はんぺんやさつま揚げ、焼きちくわといった練り物も、おでんには欠かすことができません。元は魚肉ですから、おつゆに出汁が出て大変結構な種ですが、材料の悪さを補うつもりでか、甘みを強くした練り物が出回っています。こういうものを加えると、つゆの味を落としますから、避けるようにいたしましょう。

おでん種が準備できたら、土鍋に出汁を張ります。昆布と煮干しとで濃く引いた出汁がよいかと思いますが、他に昆布と鰹節の出汁など、お好みでご用意願います。塩を主体として吸い地、つまりお吸い物よりも少し辛い程度に味を決め、醬油くさくならぬ程度に醬油を垂らします。出汁の引き方をご存知ないという方には、『あなたのために』(文化出版局、二〇〇二年)などに詳しく、誰にでも分かるように書きましたから、そちらご参照ください。

煮立てた出汁に、まずは練り物を加えます。こうすると出汁に豊かな味わいが加わり、全体の味がよくなるからです。しばらく火を入れたら、練り物は一度引き上げましょう。

ここからは、よく味を含ませたい種から順に加えていきます。こんにゃくや大根、がんもどきがそれ。おおよそ味が浸みたと思ったら、今度は芋類、そして練り物を加え、さっと一煮立ちさせます。一番おしまいに加えるのが焼き豆腐です。

初めに申し上げたように、ここで小鍋に取って温め、熱々を食卓へお持ちになってもよいかと思います。溶き辛子をお忘れなく。

おでんといえば素朴な家庭の味ではありますが、おでん種を温め、別に用意した熱い一番出汁を張って出せば、十分お客様用のお肴になります。人寄せなさっての酒席でしたら、こうしたやり方もお試しあれ。

葱鮪鍋

鍋物の中で酒の肴に相応しいものといえば、葱鮪鍋を忘れることはできません。この鍋には中トロを、と申し上げたいところですが、なかなかそうもいかないと思います。赤身より脂の乗った部分がよいことを一応お伝えしておきますとともに、鮪の代わりに鰤を使ってもよろしいかと思います。

葱は三センチ長に、豆腐は賽の目に切っておきます。分量はお好みでよろしいのですが、豆腐を一丁使うなら葱は二本もあれば十分。鮪は二センチの角切り、目方一〇〇グラム強あればよいでしょう。

鍋に酒一、醬油一から一と二分の一、砂糖三分の一から二分の一の割合であらかじめ加えておき、これに出汁を加えながら好みのおつゆを作ります。こうすると、出汁に調味料を加えるより味が決まりやすく、間違いが少ないと思います。

このつゆを沸かして鮪を加え、火が通ったら葱、豆腐と順に加えます。一煮立ちさせればいたって簡単ながら美味なる葱鮪鍋の出来上がり。

焼き豚

肉が出てこない、という声が聞こえてきそうですね。

酒の肴になる肉料理には定番中の定番、鶏の唐揚げから、もう少し手順は複雑ながら、コクのあるドイツビールと抜群の相性を見せるアイスバインまで色々ありますが、ここでは焼き豚をご紹介することにいたします。と申しますのも、焼き豚をある分量まとめて作っておくと、サンドイッチに使いまわしたり、中華風甘酢和えに仕立てたり、何かと重宝するからです。ちょっと多いかな、という分量でも作っておかれるとよいでしょう。

また、「焼く」という調理法は原始的なようで存外難しく、料理として易しいものではないと私は考えますが、この焼き豚に関しては手順をしっかり守りさえすれば、比較的失敗が少ないと思います。

厚手の鍋に、豚肉一キロを収めます。鍋はテフロン加工のものではなく、鉄鍋がよいでしょう。肉は薄切りではなく、塊でご用意ください。なかでも焼き豚には肩ロースが最適と思います。

鍋へニンニクと生姜をそれぞれ一片ずつ潰したものを加え、肉がざぶりと被る程度に水を張ります。蓋をして中火で約一時間、気長に煮ましょう。アクを取ること、途中で肉の天地を返すこともお忘れなく。火が強すぎると、肉に火が通るより先に煮詰まってしまいます。水気がなくなってしばらくすると、鍋底からじいじいと音がするようになります。これこそ煮豚が焼き豚に変わる潮目。

鍋の蓋を開け、黒く焦げぬよう注意しながらさらに焼きます。鍋の底から肉の縁へ、徐々にきつね色の焦げ目が回ってくるのがわかるはずです。全体に焦げ目がついたら鍋を火から下ろし、肉から出た脂を皿に取り上げます。

こうして脂を絞り、肉を再び鍋へ戻して火を点けます。酒二分の一カップを加え、この酒で鍋肌の焦げたところを溶かすようにしてやります。肉汁が熱でメイラード反応を起こしたものを水分(ここでは酒)に煮溶かしてやるわけです。これをデグラッセと言います。

肉汁に今度は砂糖小匙大盛りで一、醬油三分の一カップ、そして湯二分の一カップを加えて煮立たせつつ、それを肉にかけ回しながら焼き付ければ焼き豚の完成。

少し厚めに切って、付け合わせに焼き野菜を添えても結構ですし、薄切りにして辛子を付けながら召し上がってもお酒が進むと思います。ワインもたいそう美味しく飲めます。

もう少し手順が複雑にはなりますのでここでは割愛しますが、肉料理には豚のテリーヌなどワインによく合う肴も多くありますから、お試しいただきたいと思います。テリーヌは肉料理の応用編、挑戦してみようという方がおられたら、拙著『仕込みもの』(文化出版局、二〇一三年)などご参照ください。

「いつもの肴」の締めくくりに、鱈の白子のオリーブオイル漬けをお教えしましょう。

鱈の白子のオリーブオイル漬け

いつでも手に入るものではありませんが、新鮮な鱈の白子が出回っていたら、オリーブオイル漬けにしてお持ちになってはいかがでしょうか。油脂に漬けることで保存がきくようになりますので、お一人の方は特に重宝なさると思います。これは少しずつ召し上がるとよろしいでしょう。

海水程度の水にレモンを少々絞り込んだものの中へ、キッチンバサミで食べよい大きさになるよう筋を裁った適量の鱈の白子を落としていきます。しばらく置いてざるに取り上げ、そして冷え冷えした夜風に当てるのです。何やら不思議な手順のようですが、こうすると白子がしっくりとなり、扱いよくなります。

翌日、漬け油(風味油)を用意します。鍋でオリーブオイルを温め、二、三片分のニンニクを薄切りにしたものを加えます。こうしてニンニクの香りをオリーブオイルに移します。焦げぬうちにニンニクを取り除き、油を冷ましましょう。

一晩夜風に当てた白子からは滲出液が出ていると思いますから、これを紙タオルで丁寧に拭い去ります。この白子に風味油をまとわせ、煮沸して清潔にした広口瓶に収めます。合間にローリエを挟みましょう。すっかり瓶に収まったら、オリーブオイルを白子の上までひたひたに注ぎ、軽く蓋を締めます。これをそのまま蒸し器で三十分ほど蒸し、粗熱が取れたところで蓋をきっちり締めて冷蔵します。

洋風にいくならケッパーを添えてもよろしいし、レモンを絞って召し上がるのも上等。紅葉おろしを添えてポン酢で召し上がるなら、日本酒の肴にもなります。

他にも牡蠣のオリーブオイル漬けなど、ぜひ挑戦していただきたいものがあります。そちらについては「読む肴 篇」でもご紹介いたしましたので、お読みになってください。

干物

古今東西のものの食べ方に思いを巡らせると、人間が風土、つまり土地ごとに特徴ある自然の条件をどれほど巧みに活かして食を豊かにしてきたか、長嘆息するほかない思いにかられます。特に寒冷地、乾燥地など、自然の厳しいところでの食べ物には、頭脳を働かせて死に物狂いで食べてきた人々の血や汗の結晶としか言いようのない、尊いものがあります。

そうした例は無数にありますが、私にとってはヨーロッパの生ハムこそが最も印象的な出会いであったと断言できましょう。ここで、少々思い出話になることをお許しください。

私が本場のイタリア料理を学ぶためにローマへ出かけたのは一九六九年、今から半世紀以上も前のことです。それまで学んできたフランス料理の合理性、全体性に比べ、ローマで受けた料理の手ほどきは系統立っておらず、手持ちの材料でほとんど即興的に味を作り出すやり方に戸惑いを覚えました。

それでもソースにはある秩序立った理屈がかよっているように直感し、まずそれを教えてもらうことで、ようやくおぼろげながらイタリア料理の全体像を描けるようになりました。

なかでも大切なのは母なるソース《サルサ・マドレ》と呼ばれる五種類――サルサ・ポモドーロ・フレスカ(最も基本的なソース)、サルサ・マリナーラ(アンチョビを加えたソースで、主に魚介料理に用いる)、サルサ・ボロニェーゼ(挽肉入り)、サルサ・ナポリターナ(牛肉と香味野菜、トマトを長く煮込んで裏漉しした、ドミグラスのようなもの)、そしてサルサ・クレーマ(クリームが入っている)がそれ。これらにはそれぞれ基本のレセピがありますが、例えばサルサ・ポモドーロ・フレスカを用意するシェフの手元を注意深く見ていると、レセピにはないのに、ソースの中に何やら木っ端のようなものをパッと投げ入れるようにしていることに気がつきました。正体は生ハムの切れ端。このちょっとした生ハムが、イタリア料理の隠し味になっているようでした。

そう気付いたのは帰国したあとのことで、両親にローマにおける料理修行の成果を見せるつもりで作るイタリア料理の味に、どこがどうとは言われないが、何かもう一つ、というところがあることを感じたときです。当時、日本に生ハムというものはなかったか、あっても手に入れることの難しいものであったと思います。当時の日本でハムと言えば、糸を巻いて長時間加熱した、いわゆるボンレスハムが主流。まさか後年、高温多湿の日本で生ハムを自分で再現することになるとは、当時想像だにしていませんでした。

ところがある日、私の住まいである鎌倉の谷戸の風に当たっているとき、あ、この風があればもしかすると生ハムが作れるかも、という直感が私を貫いたのです。

そこからは早かった。この風があれば生ハムが作れる、という手応えを感じた私は、直ちに試行錯誤にかかりました。

手始めに取り組んだのは、今思えば生ハムというよりもベーコンのようなものでした。作り方を教えてくださったのはスペインの修道女で、これは豚のもも肉を丸のまま使い、塩に漬け、そののち煙をかけて作るという方法です。

しかしこれは生ハムとは似て非なるものでした。それから私は、生ハム作りの本場であるスペインの中でも、降雨量が多く、日本と比較的似た風土であると聞いたバスク地方へ出向きました。ロヨラという街に住むイエズス会の方から、この地域なりの作り方を一通り教わり、鎌倉に戻ってからまた何年もの間、いろいろな条件で作ってみては検討をしなおすという作業を繰り返しました。

そうしてようやく、スペインの方にも納得いただける生ハムを作ることができるようになったわけです。この生ハム作りこそ、風土と食べ方の関わりについて最も多く私に教える経験でした。ここでは日本の「風」という要素に目を留めて、美味しいお肴をいろいろ並べてみましょうか。酒の肴の定番、干物のことです。

風仕事1　干物の基本

風干しした魚の旨さをご存知ない方は少ないでしょう。温度の低い乾いた風の力を借りて、人の手を超えた、あるしみじみした味を得る作業を、私は風仕事と呼んでいます。風仕事は、何月何日から始めるというものではありません。風土の教えるまま、風の手触りや音でしぜん、それが満ちてきていることを感得できたときがその時なのですね。

鎌倉によい風が吹くのは、十一月に入ってからです。通年、十月までの風にはまだどこか温気と湿気が残っており、風仕事の用をなしません。ご承知のように、暮れが近づくと魚は値上がりしますから、ご家庭での風仕事は十一月からせいぜい十二月の中頃までの作業となります。気象条件が揃っているなら、早速干物を作ってみようではありませんか。

風、光の見極めのほか、干物作りで大切なのは魚に応じた塩加減です。魚に対してどの程度塩を当てるか、それさえ習得してしまえばあとは言ってしまうと風まかせ。

以下、基本となる干物の作り方を書いておきましょう。

まず魚を下ろします。内臓を取り除き、水で血をきちんと流したところで、ざるの上に魚を取り、尾のほうを少し高くしておきます。こうするとひとりでに水が切れるのです。

次に、この魚の両面に塩を振り(傷みやすい目玉と口には、少し多めに塩を当てておく)、冷蔵庫で一、二時間ほど休ませます。塩をすることで身がしっかりし、旨味が引き立ってくるのです。そのことは、例えば水っぽい魚であるカマスの干物を作ればはっきり分かります。

魚に塩をして冷蔵庫の中にしばらく置くと、塩が溶けて魚から滲出液が出てきますから、これを紙タオルなどできれいに拭い去ります。この作業は決して省略せず、丁寧になさってください。ちなみに、こうして魚に直接塩を振ることを散塩法と言い、二から三パーセント濃度の食塩水に魚を浸して塩をする方法を、立塩法と言います。

あとは尾の部分に金串を通して、風の通る日向で干します。小さい魚なら二時間もあれば干物に。大きな魚を腹開きしたものなら三時間から場合によっては一日かかると思いますが、これも風仕事、何時間と記憶するのではなく、水分の抜け加減を皮と身の張り具合から察してください。ほどのよい干物になった魚は、皮がいかにもむっちりと張り、身がどことなく透けたように見えるはずです。

以上が干物の基本的な作り方。空気さえよければ、庭がなくてもベランダで干すことができます。私もベランダの隅で、物干しを使って魚を干しています。

風仕事2　塩加減

どの程度、塩を当てるかは魚の種類、大きさによって様々です。塩なし、薄塩、中塩、中塩の強とありますが、いたって感覚的な表現ですね。こうしたことも、やはり何度か作ってみるうちに自然身につくことでしょう。

一応の目安を書いておきますと、塩を当てる必要のないのは烏賊。これは烏賊の身自体が塩気を含んでいるためです。薄塩でよいのは小さな魚、身の薄い魚、あるいは脂の少ない魚。例えば小鯵や鱚がそれに当たります。中塩を当てるべきはカマス、秋刀魚、甘鯛。最も強く塩を当てるのは鯖です。身が厚く、また脂が多い魚だからです。

ここまで基本のやり方を書いてきましたが、具体例を挙げておきましょう。いわゆる大衆魚、秋刀魚と鯖の干物です（一頃はどこでもお安く手に入った魚が獲れなくなった、という実に気がかりなニュースがこの頃、耳に入ってきます。これは一大事と思うのですが、皆様どうお考えになられますか？）。

風仕事3　秋刀魚・鯖の干物

秋刀魚なら頭を付けたままエラと背びれを落として背開きにし、はらわたを取って流水で流します。一方鯖の場合は、まず頭を切り落とし、三枚おろしに。尾を高くしてざるの上で水気を切って塩をするのはいずれも同じです。秋刀魚は中塩、鯖は身厚で脂も強いので中塩の強です。塩をしたらこれを冷蔵庫に収めて一、二時間。そうするうちに出てきた滲出液を拭って、早速金串を打ち、風と陽に当てます。秋刀魚の頭にレモン汁をかけてやると臭みを抑えることができます。

時々身の張り具合を確認しながら干しますが、おおよそ秋刀魚の場合で二時間半、鯖は三時間以上干します。干物になったら尾を切り落とし、遠火の強火でまず皮目を、そのあとで身の側を焼きます。お好みで青柚子でも絞って召し上がってください。

風仕事4　味醂干し

塩をする代わりに、割り地に漬けて干せば味醂干しも簡単に作ることができます。味醂干しの場合も、魚を下ろしてざるに並べ、水気を切るところまでは一般の干物と同じです。そのあと、割り地に身を浸して二時間から三時間ほど置き、そののち干せばよいのです。漬ける際は、魚の天地を何度か返してあげるとよいでしょう。

基本となる割り地は、酒と味醂がそれぞれ二、醤油が六とご記憶ください。ここに生姜の絞り汁を少々落とすだけ。どんな魚でも美味しいとは申せませんが、太刀魚や鰯、鯖だと最高ですし、実は牛肉も味醂干しにして美味なるものの一つです。

庖丁を持ちつけない方にとって、太刀魚を下ろすのは少し荷が勝ちすぎるかもしれません。そのときは三枚に下ろしてもらうか、下ろしてあるものを求めてください。そのあと、割り地に浸して干すだけです。秋刀魚などでも同様に味醂干しを作ることができます。

ぜひお勧めしたいのが牛肉の味醂干し。使う肉は牛のもも肉で、厚さ五ミリほどのものをご用意ください。これは高価な肉でなくてもよく、かえってお安い肉のほうがいいくらいです。これを割り地に四十分ほど浸けたあと、串を打って干しますが、あまり長く干す必要はありません。三十分からせいぜい一時間ほどでしょうか、なんとなく肉質がネチっとした感じになればもう干物になっていています。焼くときは遠火の強火。焼いたあとで、食べよい大き

谷戸を渡る風に誘われての干物作り．ほんの数刻風に晒すだけで，人の手の及ばないしみじみとした味わいが得られる．むっちりと張った身はもちろん，皮にも他に代えがたい風味あり．

さに切るなり裂くなりして召し上がれ。ビーフジャーキーより数等美味しい牛肉の味醂干しです。牛肉の味醂干しの場合、割り地にお好みでニンニクを加えてもよいでしょう。

風仕事5　干物が焼けたら一人前

炊く、蒸す、揚げるなど、様々な調理法の中で、焼くという方法はいかにも原始的なものに映りますが、実際はかなり難しいやり方です。干物を美味しく焼くことは案外易しくなく、初めのうちはうっかり焦がし過ぎてしまったり、慎重に扱うあまり生焼けだったり、うまくいかないこともありましょう。この辺りのことは場数ですから、一度や二度の失敗に倦《う》まず、何度でも挑戦してみてください。

一口に干物といっても、カンカンに干した鰯の丸干しか、ふっくらした鯖の味醂干しか、塩の加減、水分の残り具合がどの程度かでいろいろです。ここで仮に「生干し」「中干し」「堅干し」といえば、どんな干物が対応するかなんとなく想像がつくでしょう。また、塩をした干物と味醂を使った割り地に浸して作った味醂干しとではどちらが焦げやすいか、お分かりになるでしょう。味醂が焦げやすいことはどなたも経験的にご存知と思います。

何度か挑戦の上、ご自身でつかんだ勘所が一番信頼できますが、古くからの謂として「生干しは遠火の強火」「中干しは遠火の中火」「堅干しは遠火の弱火」ということがありますから、お教えしておきましょう。干物を焼くときは決して目を離さず、焼き加減を見ながら焼いてください。「見ていると焼けない」、といって脇見をしていると、その隙を突いたように干物が黒焦げになってしまうのは不思議なくらいです。

昔は多くのご家庭に七輪があり、煙を物ともせず団扇でぱたぱた、干物を焼く光景は日常茶飯のものでしたが、集合住宅に暮らす方が多くなり、一軒家であっても庭付きが贅沢とされるところも多くなった今、干物を焼く風景は珍しいものになりました。煙を盛大に立てて焼くのは、どう考えても現代生活では難しいことです。やむを得ず、最大出力で換気扇を回しつつ、ガス台に網を載せて焼くことになりますが、最も旨いのは秋空の下で煙を気にせず焼き、豪快に食べる干物の味です。鰺の干物を頬張りつつ、加減良く冷えたビールをごくり、冷酒をちびり。晩秋の楽しみの一つに数えられましょう。

屋外で人寄せするのは花見の時期か夏の盛りが多いでしょうが、お仲間で集まって干物を楽しむならやはり秋。ひとり傾けるお銚子のしみじみした味とはまた違った、心踊る酒の楽しみ方です。酒の合いの手には、大根葉を素揚げし、大根おろしに混ぜ込んだものをお勧めしておきます。

干物はもとより気取りのない酒の肴ではありますが、人寄せするならもう一品、松の位の干物を加えてみましょうか。甘鯛の干物がそれです。

松の位の干物

上方では甘鯛をぐじと呼び、関東以上に珍重いたします。甘鯛は臭いのない、間違いのないものを選ぶことが決定的に重要です。この点は強調しておきます。また骨が大層硬いので家庭で捌《さば》くのはかなり骨ですが、挑戦なさるならば多くの干物で落としてしまう頭は落とさず梨割りにし、エラと背びれを落として背開きにします。その後、はらわたを取り除いて、流水で丁寧に掃除。鱗はそのままにしておきましょう。あとは他の干物同様、尾を高くしてざるの上でしばらく水を切り、中塩をして(逆撫でするようにして鱗にも塩を擦り込む)、冷蔵庫の中で二時間ほど置きます。滲出液が出てきたら拭いましょう。

ここまでの下拵えが済んだら金串を打ち、頭にレモン汁をかけた上、風のよい、日の当たる場所で最低三時間干します。時々、干し加減をお確かめください。

干物ができたらここで初めて尾を落とし、頭と肩身とに切り離します。そのあと食べよい大きさに切って遠火の強火で焼きます。

お客様を招いて甘鯛(鯛でも)を囲む酒宴と洒落るなら、皮目をカラリと香ばしく焼いた甘鯛を大鉢に収めたものを持ち出し、そこで燗をつけたお銚子を一気に注げば、わあと感嘆の声を挙げぬ方とてありません。身をせせり、魚の移り香も高い一種の骨酒を飲むのは至福のひととき。まさに松の位の干物というに相応しい一品です。

甘鯛の干物には菊の花の梅肉和え、甘酢和えを合わせると品がよろしいでしょう(作り方は「読む肴 篇「菊の盃」」に書きましたから参考になさってください)。

干物作りに一から挑戦、という読者ばかりではないと思いますが、風と陽光の作り出す味は全く人の手を超えた味。お酒のお供にぜひ試してみられることをお勧めします。店で買ってきた干物(プラスティックのパックに入っている)を召し上がるなら、干し加減が今一つのことが多いため、もう一度軽く風を当てるだけでも違います。一度、お試しになってください。本当に違うのですから。

揚げ物

さっぱりした肴から始める酒席も、おしまいまで同じ調子では満たされません。また、あまりあっさりした肴では、例えばビールが飲みにくいという方がありましょう。そういうとき、揚げ物を思い出してみてください。

「揚げる」という調理法は、考えてみれば至って豪気なものです。ご存知の方もありましょうが、日本では食用に油を使うほどの量がなかなか採れず、菜種油などはもっぱら灯火を得るために用いられていたようです。行灯《あんどん》の中に薄い皿が仕込んであり、そこに灯芯と油が入っているのをご存知の方が今、どれほどいらっしゃることでしょう。電気のない時代(そんなに大昔のことではありません)、油に火を灯して得られる明かりがどれほど大切なものだったか、日が落ちて暗くなってもスイッチ一つで昼日中のように部屋中を明るくすることのできる現代人には、想像のし難いところがあります。まして貴重な油を鍋に満たし、それで野菜や魚介を揚げて楽しむというのは、大変な贅沢だったに違いありません。

それにしても不思議ではありませんか、衣をつけた野菜や魚を滾《たぎ》った油に落として火を入れ、油のこっくりした旨みを添えるという手の込んだやり方を、いったい誰が思いついたものでしょう。頃よく揚がった衣のサクリとした歯触りのよさ、衣の中で凝縮された素材の旨み。きれいな油でカラリと揚げたものの美味しさは老若男女、どなたも好まれるものです。

揚げ物の旨さは万人が認めるところと思いますが、油鍋の手入れが億劫だとか、揚げ方が拙くてもたれるからといった理由で、敬遠される方もあるようです。

煮る、蒸すといった調理法に比して、揚げ物に一種の運動神経が必要なのは確実だと思われます。素材の含む水分の多寡、油に落とすたねの量、どういった揚がり具合を目指すかなど、例えばてんぷらなどは素人にとって取りつきにくい料理ではあるでしょう。

また、油は加熱するたびにだれてきますから、そう何度も使いまわすことはできません。その辺りが不経済に感じられる方もいらっしゃるようです。油は揚げ物より炒め物で、という方が多いのも頷けますが、そうは言っても揚げ物の美味さが比類ないことはどなたも認めざるを得ないと思います。そこで油をぐっと減らして揚げる向きもありますが、賛成しかねます。十分な量の油を使い、たっぷり余裕を持って揚げることが味と食感のよさに繋がっているからです。

ここではまず、揚げ物の基本である油のこと、油温のことなどを最初にお伝えし、追って四季ごとに特にお勧めしたい何品かの揚げ肴をお教えすることにいたしましょう。

それでも油鍋の掃除が億劫？　その面倒を補って余りある美味しさは保証しましょう。

油を知る

まず肝心の油から。普通の油と言えば皆様、キャノーラ油(菜種油)をお考えになりますでしょうか。油の原料となる植物は数多く、胡麻からは江戸前てんぷらでお馴染みの胡麻油が、米からは軽い仕上がりの米油が手に入ります。

他にも綿実油、紅花油、エゴマ油、大豆油など様々な油がありますから、お好みで混ぜて使われるとよいと思います。珍しいところではひまわり油、ピーナッツ油、グレープシードオイル。とはいえ、これらを揚げ油に用いることは少ないでしょう。基本としては、菜種油七に胡麻油三を合わせて使う、とご記憶ください。

てんぷら鍋と温度

揚げ物の難しさは、主に温度管理にあるようです。カラリと揚げるべきてんぷらが、小さな鍋に油を薄く入れてもうまく揚がらないのは、温度が安定しないからです。ですから、てんぷら鍋には油がなみなみ入る大きいもの、深いものがよく、少なくとも六センチ以上の深さがある鍋をお選びいただくのがよろしいでしょう。

同様に、鍋が薄いことも温度が不安定になる原因ですから、厚手の鍋が欲しいところです。てんぷら屋さんの油鍋をご覧になったことがおありでしょうか？ 黒い鉄鍋、あるいは美しい真鍮や銅の鍋もあるようですが、いずれも厚手の、ごく重たい鍋を使っていることがお分かりになるでしょう。

この頃のてんぷら鍋には温度計が付いているものもあるそうですが、そうしたものがなくてもおおよその温度は推測することができます。菜箸の先に衣をちょっと付け、油の中に落としてみてください。油温が低温(一六〇度前後)だと、衣は鍋底に沈んだまましばらく浮いてきません。温度が上がり、中温(一七〇度くらい)になると、衣は一旦鍋の中程まで沈みますが、じきに浮き上がってきます。これより温度が上がり高温(一八〇度以上)となると、もう衣は沈みません。衣を油に落とすや否や、シャーという音を立てて油の表面にパッと散るような様子を見せ、程なく色が付くような状態がそれ。

多くの揚げだねには中温の油が適していますが、素材の含む水分量などで適温もいろいろです。一般的に、火を通すのに時間がかかる野菜は一六〇度から一七〇度で揚げると覚えてください。もう少し説明しますと、野菜などは中温に保った油でまず揚げ、そこから火を細くして低温にし、十分に脱水させることでカラリと揚げることができるのです。

一方、魚介類・肉類は一七〇度から、ものによっては一八〇度までの高温で揚げるのがよいようです。

ものを揚げる順序

揚げ物は揚げたてが一番美味しいのは、申すまでもありません。酒の肴の常としてちびりちびり、ゆっくり召し上がる方もありましょうが、できることなら揚げたての熱々を召し上がり、ビールをグビリと飲んでいただきたいものだと思います。

揚げ物を本当に美味しく食べるなら、段取りには気を使わねばなりません。酒はもちろん、その他の肴の支度もすっかり調ったところでおもむろに揚げ始める、といったふうでなければならないでしょう。冷えてしまうと揚げ物の魅力は半分以下になります。一種、瞬間的に味わうべき美味と心得ましょう。

また、揚げ物のたねの中には例えば芋や蓮根のように、火の通りに比較的時間のかかるものがあります。これらは先に揚げ始めるべきですし、油を汚しがちなものはあとに回すなど、工夫なさることをお勧めします。野菜を揚げても油はだれにくいのですが、海老の頭などは油が汚れやすいため、注意が必要です。

それでは春夏秋冬、特に美味しい揚げ物をご紹介いたします。まずは春の御馳走から。

春・新じゃがの丸揚げ

じゃがいもを揚げて食べると申し上げれば、多くの方がフレンチ・フライを想像なさるでしょう。私も幼い頃、母が作ってくれたフレンチ・フライド・ポテトをよく食べておりました。そんなある日に登場したのが、コロコロの小さな新じゃがをそのまま揚げた丸揚げ。恐らく母は、買い手のないごく小さなじゃがいも(粒じゃが)を八百屋で貰い受け、さあどうやって食べたものかと思案したに違いありません。当時こうした粒じゃがは商品価値の低いものだったようで、売値は付いておらず、タダでもらっておりました。それなりに工夫して蒸してみたり、煮てみたり。しかしもう一つ、味に物足りないものがあったのでしょう。小さな剝きものは手が疲れますし、元より新じゃがは水っぽい。それならこれを皮付きのまま揚げてみよう、そうすれば油が中に入らずべとつかないし、皮の中でじゃがいもが一種蒸れるようになって美味しいかもしれない。始まりは母のこうした思いつきだったと思います。

新じゃがのごく小さなものが手に入ったら、皆様もこの調理法を思い出してほしいと思います。必要なのは油鍋に着せる蓋。じゃがいもを煮るように揚げるためです。母は油鍋ではなく、中華鍋を使い、それに木蓋を着せて揚げていたようにぼんやり記憶しています。

まず小さなじゃがいもをしばらく水に浸しておき、束子を使ってよく洗います。そして布巾で水気をよく拭き取っておきます。皮を傷つけぬよう洗うと、仕上がりがよくなります。

油鍋に油を熱し、中温でじゃがいもを揚げます。じゃがいもはシュワシュワと音を立て、切れ目なく泡が出てくるはずです。そこで蓋を着せ、油で揚げるような煮るような気持ちで加熱を続けます。じゃがいもの量にもよりますが、低めの中温(一六五度くらい)を保って、十五分から二十分というところでしょうか。こうして素揚げしながら時々蓋を取り、菜箸で軽く掻き混ぜます。皮目が美味しそうな色になったら、試しに一つ取り出してください。竹串を通して真ん中まですっと通るようなら火が通っていますから、ここで蓋を取り、火を太くして油の温度を上げて仕上げます。この加熱で皮をパリッとさせるのです。あとはじゃがいもを紙の上に取り出し、余分な油を取った上、お好みで塩、胡椒を振って供します。好き好きですが、熱々のうちにチーズをおろしても美味しい。もちろんビールとよく合います。この料理は是非、大勢でワイワイ言いながら、熱いうちに召し上がっていただきたいと思います。

春・白魚のフライ

春の揚げ物をもう一品。月も朧に白魚の、の名文句でもその名が知られる白魚は春を代表する美味の一つで、多くの方は刺身でそのまま、あるいは寿司種として召し上がっておられるかと思います。しかし白魚は揚げても実に美味しいもので、事実これほど上品な揚げ物は他に珍しいとすら思います。新じゃがの力強い美味しさとは別趣の、デリケートな白魚のフライにはビールも結構ですが、日本酒とも抜群の相性を見せます。問題があるとすれば新鮮な白魚が手に入りにくいことでしょうか。新じゃがの丸揚げは多少疲れた油でも揚がりますが、白魚はごくきれいな植物油で揚げるのが鉄則です。

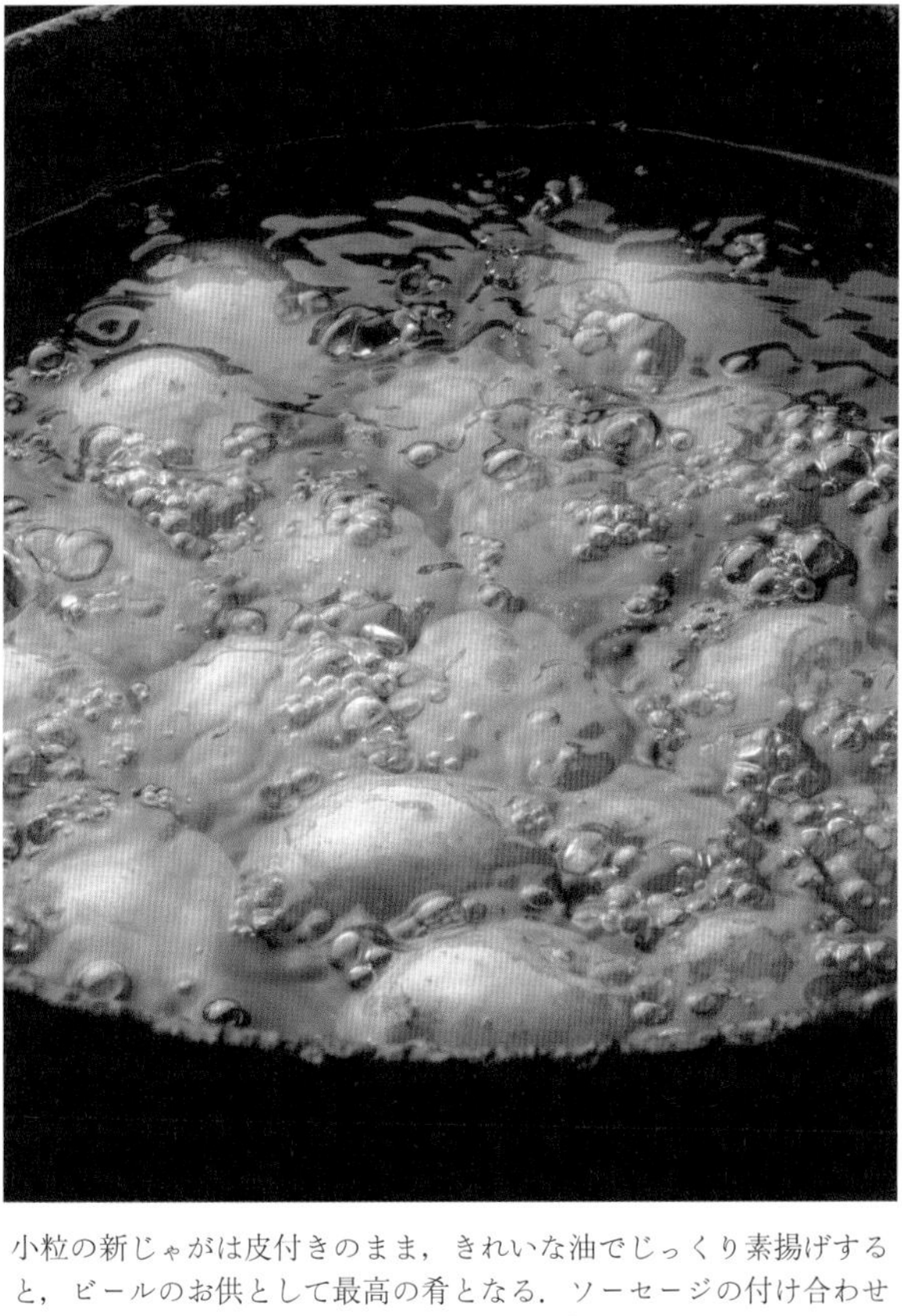

小粒の新じゃがは皮付きのまま，きれいな油でじっくり素揚げすると，ビールのお供として最高の肴となる．ソーセージの付け合わせではなく，これが主役のお肴と言ってよい旨さ．

運良く白魚が手に入ったら、なるべく手を触れないように調理します。鮮度の見極めは身の透明度で、新鮮な白魚は身が透けているのに対し、時間が経って鮮度が落ちると、この身が白く濁ってきます。

まず立て塩(立塩法については「干物」のところにも書きました。要するに二、三パーセント濃度の塩水に魚を浸して塩をすることです)を作ってごく軽く塩をし、そっと真水で濯いで布巾に取り上げます。次に小麦粉をはたき、卵の黄身をそれとおおよそ同量の水で溶いた卵水に潜らせ、肌理の細かいパン粉をごく軽くつけます。これを植物油でカラリと揚げるだけ。うまく揚がると、白魚はカサコソときれいな音を立てます。塩だけ、あるいはレモンを絞る程度にして、熱いうちにその淡い味わいを楽しみましょう。ワカサギやモロコも同様にして扱えば、実に美味しいフライができます。

夏・茄子のフライ

数ある夏野菜の中でも、茄子ほどいろいろに料理できるものは少ないと思われます。出たての小さな茄子は糠漬けにし、ぶっかき氷の上に形良く盛って辛子醬油で。これは冷酒によく合います。大きく育ったものなら焼き茄子にし、おろし生姜に糸鰹をのせて。煮浸しにして冷やしておけば、これまた立派な肴になりましょう。他にも茄子の鴫《しぎ》焼き(味噌田楽)、茄子カレーと、大変応用の利く野菜です。できないことといえば乾燥させて保存することくらいか、と思っていましたら、世の中には茄子干しというものもあるそうです。ところが茄子のフライというと、皆様ハテナという顔をなさいます。フライは、この頃出回っている皮の硬い茄子を食べるのにもっとも相応しい方法と思いますから、ご紹介しておきましょう。ご承知のように、茄子は元々油との相性が非常によい野菜なのです。フライに用いる茄子は中程度以下のものを、一人前二本も用意なされば十分です。大きい茄子なら半分に割って用います。

まず茄子の皮をすっかり剝いてしまいます。縦にすいすいと皮を剝いたら、あらかじめ用意しておいた吸い地加減の塩水に放ち、二、三分置いてアクを抜きます。面倒でしょうが、一筋皮を剝いたらすぐに塩水に浸けるという作業を繰り返すと、なお結構です。皮を剝いた茄子の肌が美しく保たれます。酒の肴は、仕上がり美しく作りたいものですね。

その後、塩水から取り上げてさっと水洗いし、布巾できちんと水分を取り除きます。茄子に小麦粉をはたき、卵一個を適量の水で伸ばした卵水に潜らせたのち、パン粉をまぶして中温で揚げます。揚がったら紙にとって油を切り、冷めないように温めた皿に盛って出すとよいでしょう。カボスの絞り汁を加えた醬油をさっとかけると大変美味しいですし、ウスターソースで召し上がっても結構です。

ついでに書いておきますと、剝いた茄子の皮は細く切って油炒めにし、酒と砂糖、醬油をさっと垂らし、甘辛のきんぴらにして召し上がってください。

秋・牛蒡のパイユ

瑞々しさが身上の夏野菜と比べると、秋の野菜は身の詰まった、一様に味の凝縮したものが多いようです。空気が乾き、気温が下がるにつれて、ものの味が一層豊かになっていくのは皆様ご承知の通り。

揚げ物は、野菜に油のコクを添わせて美味しく食べるのに最もよい方法でしょう。精進揚げにして美味しい野菜を数え上げてみましょうか。

まずさつま芋、蓮根、牛蒡といった根菜が第一です。慈姑《くわい》も揚げて美味しくなる野菜の代表。御節料理でしか召し上がらない方も多いでしょうが、薄切りにした慈姑に塩をパラリと振れば、ビールのお供として上品この上なし。

先にお教えした茄子のフライのほか、夏野菜ならピーマン、新生姜も揚げて美味しいと思います。軽い食べ心地で冷酒やビールに合わせるなら三つ葉に穂紫蘇、海苔に柿の葉。紅葉、菊の葉、菊の花。珍しいもので雪の下。

こうした精進揚げには、サラダ油を主に胡麻油を従としてごく少量混ぜたものがよいようです。衣は冷凍庫で冷やしておいた小麦粉三に冷水が二、塩ひとつまみ。粘りが出ないようさっくり合わせる程度にし(粉が溶けきれず、ダマになっていても構わない)、温度が上がらぬよう、ボウルごと氷に当てておくとよいでしょう。この衣を野菜にごく軽くまとわせ、中温

サクリ，とした食感が楽しい牛蒡のパイユ．香り高いのも宜なるかな，牛蒡はキク科の植物．ホクホクした蓮根，カラリと揚がったパセリとともに，香りや歯触りを楽しむ肴．

で揚げるのが精進揚げの基本です。

この精進揚げの中でも、私が最も愛するのは牛蒡のパイユ。パイユ(paille)というのはフランス語で藁、麦藁のことだそうです。牛蒡をマッチ棒のように切って用いるために、きっとこういう名が付いたのでしょう。

牛蒡が最も美味しいのは皮の部分です(このことは「読む肴 篇「目にはさやかに見えねども」にも書きました)。ですから力任せにゴシゴシ洗わず、長いなりに労わるように洗ってやることが肝心です。洗いきったらおおよそ五、六センチの食べよい長さに切り、さらに太さにして二、三ミリのマッチ棒状に切ります。

次にこの牛蒡を十分ほど水に放ち、アクを取ります。牛蒡が被るくらいの水でアク抜きしてください。アクがアクを招ぶので、あまり大量の水でアク抜きするよりかえっていいと私は考えます。

これをざるに取り上げ、または布巾に取って水気を取り除いたら、バットや紙の上に広げ、茶漉しで化粧粉(小麦粉)を振ります。ここで水気をきちんと取り除かないと粉がつき過ぎて、ぼってりした揚がり具合になってしまいます。

一六〇度の低温でじっくり揚げ、水分を飛ばしますが、そうすることで軽い歯ざわりの牛蒡のパイユが得られます。紙に取って余分な油を除き、塩をパラリと振れば完成。

冬・揚げ出し豆腐

酒飲みには豆腐好きが多いようです。暑いときは奴《やっこ》で、寒くなれば湯豆腐が定番と思いますが、もう一つ、熱々を食べて一等美味なのが揚げ出し豆腐。何も冬に限った食べ物ではありませんが、淡白な豆腐に油をまとわせてコクを与え、おろし生姜などの薬味とともに味わうこの一品は、やはり冬が一番美味しいように思います。

まずは薬味を準備します。多くの方が花鰹やおろし生姜で召し上がっておられると思いますが、揉み海苔や紅葉おろし、晒し葱を添えても結構です。

醤油と酒を同量加えたものに鰹節をたっぷり入れ、煮出したものもあらかじめ用意しておきます。豆腐を揚げるのは最後。一丁の豆腐を四つに切り、水気を取っておきます。「江戸前の揚げ出しは粉を付けないんだよ」と母は申しておりましたが、当今では小麦粉や片栗粉をはたいたもののほうが多いようですから、お好みで粉を薄く付けてもよいでしょう。

中温程度の油の中にそっと滑り込ませるようにして豆腐を入れ、両面を軽く揚げましょう。長く揚げると油揚げになってしまいます。

あとは温めた皿に取り上げ、先に用意しておいた薬味を添えて、熱々のお汁をかけ回して召し上がれ。やはり揚げ出し豆腐は、ふうふう言いながら食べるべきでしょうね。

冬・牡蠣フライ

牡蠣フライが好物という方は大勢いらっしゃると思います。夏頃に旬を迎える岩牡蠣、秋から冬にかけて美味しくなる真牡蠣を中心に、牡蠣は年中出回っていますから、これまた別段冬のものとは申せませんが、揚げたてを食べて美味しいものの代表として、ここでご紹介いたします。冬の牡蠣は真牡蠣です。

下拵えは簡単。牡蠣の身に塩を直接振って軽く手で混ぜ、身を揺するようにして流水で洗います。これは牡蠣に付いている汚れとともに、滑《ぬめ》りや臭いを取り去るため。洗い、布巾で水気を取り除いた牡蠣に薄く小麦粉を振り、卵水に潜らせ、パン粉をまぶします。ぎゅっと押さえつけるようにせず、ふんわりパン粉を着せてやるようになさってください。

魚介類ですから、揚げ油の温度は一七〇度以上の中温から高温で。できれば作り置きせず、揚がった端からレモンを絞り、お好みで醬油、ウスターソース、タルタルソースと一緒にどうぞ。牡蠣は各種ビタミン、鉄分、そして亜鉛などのミネラル分が充実した、栄養バランスのよい食品です。あっさりしがちな酒の肴ばかりでなく、こうしたものも努めてお召し上がりになるとよいでしょう。

ちょっと一膳

お酒も随分進んだ頃、箸を置く前に軽く一膳、というお酒の上がり方は悪くないと思います。炭水化物はちょっとと、このところ悪く言われることもあるようですが、お米で〆ないと落ち着きが悪い、片付かないという気持ちは私にもよくわかります。

気に入ったお碗にご飯をそっとよそい、お茶をざぶりとかけてお茶漬けさらさら。梅干し一粒とともに、あるいはてんぷらに熱いお煎茶をかけて天茶で。皆様めいめい工夫しておられると思いますが、思いつくまま、私もいくつかご飯ものをご紹介してみましょう。

春・菜飯

春、水温む頃になると、冬の間は色を失ったようだった枯れ木の先に、小さな緑がちらちら覗くようになります。固く縮んでいた新しい芽が、ひと雨ごとにほどけるようにするする伸び、日を追うごとに山にいのちが溢れていきます。いよよ伸びようとする若いいのちの色は、限りなく美しい。こうしたものはあれこれ弄《いじ》り回さず、湯掻いておひたしにする、あるいはごく薄く衣を付け、食べ口の軽いてんぷらにするなど、もののよさを生かすようにすべきと思います。タラの芽やコシアブラといった山菜を揚げたものの美味しさは、多くの方が既にご存知でしょう。

山菜を使ったご飯ものといえば、第一にうこぎでしょうか。うこぎの芽をさっと湯掻いて絞り、細に刻んだものに軽く塩をまぶします。これを炊きたての白ご飯に混ぜ込んでごらんなさい、召し上がると口中に春がぱっと広がるような、実に結構なる菜飯ができます。

菜飯にして美味しいのはよめ菜も同様。よめ菜、と聞いてもどんなものだかお分かりにならない方がいらっしゃいますでしょうが、よめ菜は皆様きっとご覧になったことがあるはずのもの。写真で見れば、ああこれがよめ菜かというほどごくありふれたもので、道端にも生えています。秋になると菊によく似た、薄紫の可憐な花をつける植物です。

よめ菜をご飯に混ぜ込んで召し上がるなら春、若い芽を摘むところから。野の草だけにアクの強いものですから、はじめにその手当をいたしましょう。といっても、少し重曹を加えた水で湯掻いたのち、水に放って半日ほど置くだけ。これでアクがある程度抜けます。それを細かく刻んで絞り、ご飯に混ぜ込めばなんとも簡単、よめ菜ご飯の出来上がり。

うこぎ、よめ菜と比べて、もう少し手に入りやすい大根葉の菜飯も――といって、レセピというほどのこともありません。大根葉のうち、使うのは中心部のやわやわとした部分だけです。これをさっと湯掻いて細かく刻んだところへ塩をして馴染ませ、かたく水気を切って炊きたてのご飯に混ぜ込むのです。

夏の青紫蘇ご飯ならなお簡単。若い芽をそのまま細に切り、水に晒したのち絞ります。ここへ塩をしてご飯に混ぜるだけ。熱いご飯だと色が悪くなります。

春のご飯ものはあまり手をかけず、芽吹きのいのちをそのままいただくというところが何よりの有難さ。お試しになってみてください。

春・菜の花丼

これを食べなければ春が来た気もしないのが菜の花丼。花開く前の蕾の、なんとも言えぬ充実感と逞しさは、春の精気そのもの。ここから花が開き、いずれ種を結ぶのですから、力のないはずがありません。八百屋の店先に紙の帯をかけて売られている菜の花の蕾を手にとってみられるだけで、どなたにもそのことは感得されるはず。

この菜の花丼は、誰から教わったものでもありません。

ある春の日、庭の草むしりをしながら何とはなしに菜の花の蕾の膨らみ、充実した姿に見とれていたときに、突然天啓のようにレセピが閃いたのです。蕾に満ちるこのい、の、ち、そのものを、まっすぐ自分のいのちに貰い受けたい、頂戴したい、という思いでした。

多くの方は八百屋から菜の花の蕾を買ってくるほかないと思いますが、菜の花を庭で育て得る方は幸い。そういう方のために、うまい摘み方をお教えしておきましょう。

菜の花は、花茎の真ん中を思い切ってぷきぷき摘むことです。勿体ないと思っても、いずれ脇から芽が伸びてきます。この脇芽を摘むと、またそこから孫芽が伸びてくる。だんだん細く、柔くなってはきますが、美味しく食べることができます。私はこうして春の一カ月ほど、まるで憑かれたように菜の花を食べたものですが、お陰で春の鬱々とした気分に襲われませんでした。

では早速作り方を。菜の花丼の特徴は、蕾を茹でないことです。なるべく人の手をかけず、春のいのちをそのまま受け取ること。

オリーブオイル大匙一と二分の一を鍋に入れて優しく温めます。菜の花の茎の、硬い部分は使わず、やわやわとしたところだけ用います。店屋の菜の花なら特に大切な手順ですが、一、二時間水に放っておくと生気が戻ってきます。そののち、水気をしっかり除いた菜の花一把分を、温めておいたオリーブオイルで炒めます。高温の油で菜の花が爆ぜるような炒め方ではなく、上等なオリーブオイルの衣をそっとまとわせてやるつもりで炒めましょう。ややしんなりしたところで、それぞれ小匙一と二分の一の酒、醬油を振り、炊きたてのご飯を軽くよそったお碗にこれをざんぐりと盛って召し上がれ。

右のように、この丼は菜の花に油、酒、醬油といった最低限のもので作るのですから、品物の良し悪しがものをいいます。普段贅沢なものを召し上がっている割に、どういうわけか調味料にお金をかけない方が多いのは不思議なほどです。あらゆる料理に調味料は必要なのですから、こういうところで締まり屋になるのはいかがなものでしょうか。

私が一等よいと考えるオリーブオイルは、アツィエンダ・オレアリア・デル・キャンティ。イタリア共和国中部の街で作られるこの優れて美しい油は、化学処理はもちろん、熱処理も施されていないエクストラ・ヴァージン・オイルで、あらゆる食べ物、いのちを美しく包む、まさに黄金の油です。これが手に入りにくくなり、困っています。

醤油は日本の大豆と沖縄の塩でじっくり作られた大久保醸造の紫《むらさき》大尽《だいじん》(薄口)、あるいは少々手に入れにくいものですがヒゲタ醤油の玄蕃《げんば》蔵《ぐら》(濃口)をお勧めしておきましょう。

秋・栗ご飯

新米が出る秋には、もうそれだけで大変美味しいご飯が炊けるわけですから、あえて色ご飯を用意なさることはないかもしれません。季に適ったお肴と美酒を楽しんだあとなら、お茶漬けさらさらのほうがかえってよいこともありましょう。

ここで紹介する栗ご飯のレセピは、栗の持つ野趣を大切にしたもので、お酒を召し上がったあとに食べてもべたつかないものですから、年に一度くらいはお作りいただきたいと思います。私などは、実りの秋に栗ご飯を食べなければ、何か忘れ物をしたような気がします。

鞣《なめ》した皮のような光沢を持つ栗の外皮を鬼皮といいます。この鬼皮の下にもう一枚、皺の寄った皮が張り付いていますが、これが渋皮で、文字通り渋みのある部分です。

何であれ皮剝きは難儀なものですが、栗は鬼皮がついたなり熱湯に五分ほど浸け置くと剝きやすくなります。そののち渋皮を剝きますが、こういう作業はラジオでも聴きながら、お楽な気持ちでなさってください。根を詰めないようにいたしましょう。

必要に応じてアク抜きした栗は、大きさにもよりますが、大きいようなら半分に割ってください。私は小振りな山栗を使っていますから丸のままです。あとは分量の水、調味料と一緒に炊くだけですが、その前に栗に焼き目を付けて、香ばしくする方法もあります。

作りやすい分量として、ここでは米三カップといたしましょう。それに対し栗は一カップ、水は米の量の一・五倍、大匙で酒二、薄口醬油が一と二分の一、塩が小匙三分の二です。土鍋で炊くと、一層野趣に溢れた、実に美味しい栗ご飯ができます。

秋・松茸ご飯

赤松林に行けば松茸がうんと採れた時代は遠く、軽く焼いたそばから割いて熱々を頬張る贅沢はさすがに難しくなりました。けれども秋のうちに一度くらいは、松茸ご飯を奢ってもよいかな。少ない松茸でも炊き込みご飯にすれば、十分に秋の口福は得られましょう。

蕾の松茸は柔らかく、最も上等と言えますが、香りが高いのはかえって傘の開いたものなので、松茸ご飯にはそちらを求めたほうがよいと思います。ただし、傘の開いたものは硬いですから、ごく薄く切らないと調子よく召し上がれません。

本や雑誌には、絵に描いたような松茸ご飯の写真が載っています。松茸のシルエットとでも言いましょうか、あの形に切らねば松茸ご飯にならないわけではないのです。山から採ってくるのですから、虫が入っていたり傘が欠けていたりするのはやむを得ません。そういうものでもうまく活用してお作りください。

松茸は洗わず、石づきの部分を庖丁で丁寧に削り、固く絞った布巾で清める程度にします。松茸の状態に応じて食べよい大きさに切り、あとは酒と塩、薄口醤油で加減した一番出汁で米と一緒に炊き込むだけ。味に膨らみを出したければ、甘い地酒をほんの少し垂らすとよいでしょう。炊き上がったらしばらく蒸らし、お碗によそって召し上がれ。

あまり薬味など用いないほうが、かえって松茸の香りが楽しめるでしょう。

秋・とろろ飯

山芋には様々な種類があり、調べるほどに混乱するようなところがあります。ヤマイモで辞典を引くと「ヤマノイモに同じ」とありますが、専門の方に伺うとヤマイモとヤマノイモは違うというご意見。差し当たり私は、ヤマイモが山に自生している自然薯のこと、一方ヤマノイモは中国由来の栽培種で、これがイチョウ芋(イチョウの葉の形に似ている)やつくね芋、お馴染みの長芋に分化していったという説で納得しておりますが、また違った謎解きもありますでしょうね。

日本の芋の食べ方で独特とも、不思議とも思うのは、芋を生食することです。擂り鉢に押し付けて擂り、粘りのあるところをそのまま食べるというのは世界に類があるかどうか。私の知る限りですが、芋の生食は他国で聞きません。

酒の肴は軽いものが多いので、私はそれとお酒だけで食事を済ませてしまわれる方の栄養が気にかかって仕方がありません。ですからこの本ではとろろのような、滋養に富んだものもなるたけ書いておきたいものと思います。

美味しいとろろを用意するには、どうしても擂り鉢を用意いただかなくてはなりません。私は擂り鉢に一家言あり。どうも旧来の擂り鉢は扱いづらいと感じていたこともあって、小《お》鹿田《んた》焼の窯元に依頼し、口をうんと開いた擂り鉢を焼いてもらいました。これでずいぶん芋が擂りやすくなりました。

ここでは手に入れやすいつくね芋のとろろ汁をお教えします。作りやすい分量として、つくね芋一個でご説明いたしましょう。およそ五人前ですから、酒飲みが寄り集まってガヤガヤ、麦飯にとろろをかけて搔き込むのに丁度よいでしょう。

まず八方出汁を用意します。昆布と鰹節で濃く引いた出汁がそれぞれカップ二、酒一、味醂三分の二、薄口醬油が三分の一、塩少々です。これらを鍋に合わせて火を入れ、人肌に冷ましておきます。

つくね芋をよく洗い、皮を剝きます。滑《ぬめ》りがあって扱いにくいものですから手を切らぬよ

針海苔，山葵など好みの薬味とともに搔き込む御馳走，勢いで食べる肴．ずいぶん前，そのまま酒卓に持ち出してもおかしくない，重宝な小鹿田焼の擂り鉢を焼いてもらった．

う、注意してください。この芋を擂り鉢の櫛目《くしめ》に当てがい、円を描くように擂りつけます。するると少しずつとろろになります。案外重労働ですが、ここが辛抱のしどころ。

そのままではやや肌理が粗いので、擂り上がったら擂り粉木を使ってさらによく当たります。こうすると舌触りの滑らかなとろろになるのです。ここで卵黄一個分を加えて擂り、用意しておいた八方出汁を少しずつ加えながら、とろろを擂り伸ばします。出汁をどの程度加えるかは、ご自分の好みに合わせて調節なさってください。

薬味をたっぷり用意します。山葵や長葱をごく薄く小口切りにしたものを添え、針海苔をこんもりのせれば御馳走。麦飯は十割で炊くのではなく、米カップ三に対して麦半カップくらい混ぜて炊くと、今の方には食べよいと思います。

秋・零余子飯

とろろの野性味溢れる味わいに比して、同じ芋の葉にころんと付く零余子(辞典には「ヤマノイモの葉のつけ根に生じる珠芽《しゅが》」とあります)の品の良さ。知る人も少ないことですが、晩夏、山芋が付ける楚々たる小花の放つ香りといったら――その蔓の先を辿っていけば、あの芋の迫力に行き着くのですから、植物というのはなかなかどうしてわからないものです。

零余子には、この花の芳香に通うような性質が感じられます。したがって、零余子飯にも言うに言われぬ気品が漂っています。思いがけず山の中で出会った貴人のよう、とでも申しましょうか。

しんみりとしたお酒の締めくくりに相応しい、零余子飯の作り方をお教えします。零余子は十月頃から出回りますが、実はかなり保存のきくものですから、見つけたら多めに求めておかれるとよいでしょう。カップ三分の二の零余子をきれいに洗います。またカップ三の米も研ぎ、ざるに上げてしばらく吸水させておきましょう。

土鍋に米、水カップ三と三分の一、五センチ角の昆布一片、塩少々、薄口醤油小匙一と二分の一、酒大匙二、そして零余子を加えて炊きます。炊き上がったらみじんに刻んだ生姜を少々切り混ぜて召し上がれ。

この零余子飯には、荒々しい調子のものでなく、やはり心を尽くして作った汁物、漬物がよく合うと思います。

汁かけ飯

「ちょっと一膳」の締めくくりが汁かけ飯？ と、訝《いぶか》る方もいらっしゃいましょう。汁かけ飯といえばご飯に味噌汁をざぶり、勢いをつけて掻き込むものと相場が決まっているなら、菜飯に松茸ご飯、零余子飯までご紹介してきたあとに汁かけ飯の紹介では、確かに調子外れに映るのかもしれません。

しかしここに一例を示す母譲りの汁かけ飯は、質素ながら日本の風土が集約されているところがあり、それを一椀に受け取る喜びは、何物にも代え難い特別なもの。大根や人参といった根菜に里芋を加えるあたり、母はこれを一種の糅飯《かてめし》と考えていたのかもしれません。

易しく作れますが、しかし切り物の要領、具と飯、汁の塩梅、分量の加減など、考えを巡らせると案に相違して奥行きのある料理と思い、「ちょっと一膳」のおしまいに、あえてご紹介する次第です。

五人前の用意として、まず切り物から。大根二分の一本、この分量の大根の量に対してそれぞれ三分の一の重さの人参、牛蒡。里芋七個に干し椎茸を五枚、ご用意ください。

大根と人参を千切りにします。ご飯に絡む長さはどれくらいが適当でしょうか。長すぎると食べにくい。短すぎてもいけません。長さや太さはいろいろでよい、ということはないのです。皮の美味しい牛蒡は丁寧に土を落とし、笹掻きにしたのち、水に放ってアクを抜きます。水で戻した干し椎茸は薄切りに。大根、人参の調子に合うように、その他の切り物とのバランスも考えながら切ることです。

里芋はきれいに洗ったのち皮を剝きますが、ぬるぬるして庖丁が使いにくければ、洗ったあと、半乾きになるまで盆ざるに並べておくと滑りにくくなります。里芋は一・五センチ厚の輪切り。

汁かけ飯に用いる出汁は、煮干出汁です。煮干出汁の特長は、やはり骨の力強さが抽き出されていることでしょう。私ははらわたを取り除き、頭と半身に割いた胴をそれぞれ乾煎り

秋の零余子飯(168ページ参照)は，物相で抜いて供せば上品な〆の一膳に早変わり．牛蒡の味噌漬け(39ページ参照)，菊の甘酢漬け(47ページ参照)とあわせて盛り付けた．牛蒡の味噌漬けはクリームチーズとの相性もよい(写真奥)．

したのち、粉末にしたものを出汁用に使っています。乾煎りするだけで驚くほど臭みが取れるのですが、さらに昆布、異臭を取り去る働きのある椎茸を加えて出汁を引けばなおよし。煮干しの粉は時間のあるときに作っておかれるとよいでしょう。

汁かけ飯で用いる煮干出汁は十五カップ。これを鍋に入れ、梅干しの種四粒、塩少々を加えたもので、まず大根と人参を煮ます(野菜は鍋に入れる前にもう一遍さっと水洗いすると、一層澄んだ味わいになりますから、この一手間を忘れずに)。五分通り火が通ったら、続いて牛蒡、椎茸を加えます。醬油、塩でお好みの味加減に調味したのち、里芋を入れて軟らかくなるまで炊きます。

木のお椀に軽くご飯をよそって汁をかけまわし、好みで薬味を振ってお召し上がりください。胡麻や三つ葉のほか、汁かけ飯には陳皮(蜜柑の皮)も素晴らしい相性をみせます。

お酒の仕上げに、さらさらっとどうぞ。

おつゆ

前節の「ちょっと一膳」で、いろいろなご飯ものについて書きましたが、ここでおつゆをご紹介しないのでは、読者も落ち着かれないことでしょう。別にご飯におつゆ、と決まっているわけではありませんが、お酒の肴をあれこれ楽しんでお腹もくちくなった頃、仕上げにおつゆを二口、三口。いかにもお酒の仕上げという感じがいたします。

私は、病を得てものを飲み下しにくくなった父の看病を通じて、スープ＝おつゆの持つ力に眼が開けました。スープの持つとろみが噎《む》せを招びにくいこと、それ故、より安心して人様に差し上げることができるということに初めは魅力を感じましたが、そのうち、食べ物のよいところを抽き出し、好ましからぬくせや臭いを抑えながら、季節ごとの土の恵み、海の恵み、そして香りのものを巧みに組み合わせたスープ＝おつゆに、食の無限ともいうべき可能性を感じるようになりました。

何度も繰り返し汁物を作るうち、次第におつゆは煎じ汁かお清しか、あるいは味噌仕立てかの別、また用いる出汁は何が基本となっているかなど、あたかも樹形図のように見えてきたのです。そしてあるときこれが一冊の本にまとまりました(前掲『あなたのために』)。幸いこの本は多くの読者を得、病中の方はもちろん、何とはなしに日々疲れを感じておられる方、看病をなさる方のお役に立っているようでございます。

スープ＝おつゆが、いのちを養うものであることを前提として、中でもお酒の〆に相応しい、幾つかの汁物をここではご紹介しておきましょう。〆にさっと作ることができなければお仕事になってしまいますから、手数の少ないものが中心です。そのためにも、出汁の類はあらかじめ用意しておかれるとよいでしょう。まずはヌチグスイをお教えします。

ヌチグスイ

この汁物の不思議な名は、沖縄の言葉で「命の薬」という意味だそうです。「鰹節にお湯をかけ回した即製の出汁」と申し上げれば、おおよそどういうものかはご想像いただけるものと思います。

大きめの鉢にたっぷりの鰹節、薄口醬油(夏なら八丁味噌でも)を落としたところに八〇度くらいに沸かした熱湯を注ぎ、蓋をして蒸らすこと一分。訳もなくヌチグスイができます。生姜汁を垂らしても大変美味。ふうふう吹きながら上澄みを召し上がれ。

鰹の旨味に続いて、今度は貝の出汁の旨さを楽しむ、素朴ながら滋味深い潮汁《うしおじる》の作り方も書き置きます。

アサリ、ハマグリの潮汁

潮汁に用いる貝は、手に入れやすいものとしてはアサリ、春先ならハマグリを奢ってもよいでしょう。

昔、といいますと大正末から昭和十年代のことですが、鎌倉・由比ケ浜に海水浴へまいりますと、いくらでも貝が採れたものです。小さな子供の足を砂地に突っ込み、指先を動かすとコツンと足に貝が当たります。見れば立派なハマグリ、アサリ。これがまた全く臭みのない、上等の貝でした。それがのちに(高度経済成長期よりはるかに前から)貝は臭いを持つようになりました。海水からプランクトンなどを濾しとって食べている貝は、何よりも早く、環境の変化を敏感に察知していたように思われてなりません。

昔を懐かしんでも詮無いことですが、私は貝を使うとき、臭いをなるべく抑えるためにレモンを浮かべた水に放ったり、一度酒蒸ししてから汁にするなど、一手間をかけるようお勧めしております。貝をお求めの際は、信頼の置ける店からどうぞ。

海水の濃度ほどの塩水を作り、水洗いした貝がひたひたになる程度まで浸し、数時間置いて汚れを吐かせるところから貝の下拵えが始まります。初めに貝の中をきれいにするのです。

それでもまだ貝殻の表面には汚れが付いています。これを落とすために貝に粗塩を振り、殻同士をこすり合わせてきれいにします。塩を水で流したらもう一度、同じ手順で掃除しましょう。臭いがなければこれで結構です。まだ少し、ということならば、レモンを絞ってみてください。

それでは潮汁を作りましょう。きれいになった貝を平鍋に入れ、強火で熱します。鍋が熱くなったらすぐに酒を振りかけて蓋を着せ、貝が開くまで加熱します。貝は熱を通しすぎると硬くなりますから、さっと火を入れるというおつもりで、くれぐれも煮込むようなことはなさいませんように。

貝の口が開いたら、昆布出汁を注ぎます。出汁が沸くとアクが浮いてきますから、丁寧に除いてください。そして塩を主に、ほんの少し醤油を落として味加減します。貝の臭いが気になるようなら、少し酒を加えるとよいでしょう。お椀に盛れば目出度くできあがり、ではありますが、季節ごとの吸い口(へいだ柚子など)を添えると正調のお肴になります。例えばアサリには独活、芹、うこぎ、木の芽などの香り高い菜を。吸い口ではありませんが、ハマグリによもぎ麩を加えたり、出会いものの筍を加えれば大御馳走。祝いの粉を振ってもよいでしょう。祝いの粉、というのは胡椒のことです。意外な感じも致しますが、これがハマグリとは不思議な相性をみせます。

シジミの味噌汁

シジミは肝臓によいのだと宣伝されているせいでしょうか、この貝は酒飲みにとって特別なものになっているようです。シジミは清し仕立てではなく、味噌汁にしたほうが美味しい貝ですから、シジミの味噌汁の作り方を書いておきましょう。

貝の掃除の仕方はすでに記した通りです。殻がぷっくり膨らんだ、身の詰まったものが上等で、中でも二月頃の寒シジミは別格です。どなた様も年に一度は召し上がってください。

きれいに掃除したシジミを平鍋に入れて、全体が被るくらい水を加えます。臭いが気になる方は、ここで少し酒を加えてみてください。強火で熱すると、じきにシジミが口を開きます。開いたらすぐに火を止め、一度シジミを皿に取り上げましょう。念のため、鍋の中に砂がないか、お確かめ願います。もし砂を見つけたら濾してください。砂が残っていると口の中でジャリッ、という不快極まりないことになります。

この汁の中にはシジミの旨味が濃厚に溶け込んでいます。ここに水を加えて再び火を入れ、味噌を溶き入れて好みの味に加減します。味噌はお好みでよいのですが、私はシジミの味噌汁には八丁味噌を、とお勧めしております。

ここで先に取り出したシジミを戻し、温めればシジミの味噌汁の完成。粉山椒をパラリと振ればなおよろしいでしょう。

味噌汁は、普段親しんでおられる方も多いと思いますから、あえてあれこれ書くことは致しません。ただ、日本の味噌には実に様々な種類があること、それらを混ぜることで一層面白く味わえるということをお伝えし、またいろいろに引いた出汁で味噌汁を作ってみられることをお勧めしたいと思います。日々親しむ味噌汁の如きは、皆様なりの御定法《ごじょうほう》があり、時に代わり映えのしないものになり勝ちです。降っても照ってもいつもの味噌汁というのでは、さすがに面白くないでしょう。

一口に味噌といっても、大豆に塩と麹をまぶした三州味噌、八丁味噌。麦を加えた甘みのある麦味噌、さらに甘みの勝った米味噌。味だけでなく色味、舌触り、日持ちするか否かの別があります。基本となる出汁に旬を映した実が加わり、薬味・吸い口が添えられ、と考えてみれば味噌汁は本来、実に多様な表現がなされ得るものであるはず。明けても暮れても豆腐にワカメでなくてもよいはずのものなのです。

半熟卵の味噌汁

半熟卵の味噌汁は、食べ出のあるものです。味噌汁は普段通り用意なさるとして、半熟卵はどのようにいたしましょうか。方法はいくつかありますが、大きく三つ。

第一はポーチド・エッグを作る要領です。塩、酢を加えて煮立たせた湯の中に、卵を落としてしばらく茹で、網杓子で引き上げるだけ。卵は鍋の酢水に直接割り入れるのではなく、器に一度とってから静かに滑り込ませるようにするのがコツです。こうすると卵が乱れず、美しい仕上がりになります。

第二は温泉卵を使う方法。時間はかかりますが作るのはむしろ容易で、六五度を保った湯に三十分置いておくだけです。

最後の方法は半熟卵を作ってから味噌汁と合わせるのではなく、味噌汁で半熟卵にしてしまうというもの。黄身をお椀に入れ、煮えばなの味噌汁を張ればよいのです。このやり方ですと、第一、第二の方法で用意した半熟卵より、なお柔らかな口触りとなります。味噌汁の温度が低いとうまくいきません。といって味噌汁はグラグラ沸騰させぬようご注意を。

卵の匂いが気になる方は、そのまま召し上がるのではなく、へぎ柚子を添えたり、香り高い茗荷の薄切りを添えてもよいでしょう。私がもっとも結構なものと思う吸い口は柚子の花で、柚子の実よりさらに優しい香気が、卵の臭みをみごとに収めてくれます。いつでも、どこにでもあるものではありませんが、それ故に貴い出会いものと申せましょう。

つくね芋のすり流し

もう一つ、食べ出のあるおつゆをお教えします。つくね芋のすり流しです。

これには上等の一番出汁が必要です。昆布、鰹節で慎重に出汁を引いておきましょう。

つくね芋は卵一個大で一人前。おおよその人数分ご用意ください。芋は洗い、布で拭くなり半干しにするなりしておけば、皮が剝きやすくなります。皮を剝いた芋を擂り鉢の肌に押し付けるようにして下ろしますが、そのあと擂り粉木を使って当たると、舌触りがなおよくなります。これを薄口醬油や塩で加減した出汁に放って、すり流しを作るのです。

好みに加減した出汁を温めたところへ、つくね芋のとろろをそっと落とすのですが、中までしっかり火を通そうと思わず、半熟で召し上がるおつもりでどうぞ。お椀にそっとよそい、青み(ほうれん草など)やキノコ、そしてへぎ柚子を添えて召し上がれ。

にゅうめん

出汁さえあれば、にゅうめんも簡単に用意できます。ところで、出汁に調味料を加えて味を決めるのは、案外難しいものです。ここでは手順を入れ替えて、まず調味料を合わせておき、それを出汁で割ると味もピタリと決まりますから、その手順でにゅうめんを作ってみましょう。にゅうめんはおつゆとご飯のあいいなかのようなもので、酒席の〆につるつると召し上がるのは、なかなかよいものと考えます。

煮切り酒、薄口醬油がそれぞれ二分の一カップ、煮切った味醂(甘口の地酒でも結構です)が大匙二、そして塩小匙一。これらを鍋で一緒にし、出汁で割ります。私はこの分量の調味料なら十カップほど出汁を加えますが、お好みで加減なさってください。にゅうめんの出汁には、椎茸の戻し汁を少し加えるとなお美味しいと思います。

このつゆを別鍋に取り、お好みの硬さに素麺を煮ればにゅうめんの出来上がり。さっと湯搔くというより、気持ちじっくり煮るという一呼吸の差が、素麺とにゅうめんの感覚的な違いを作ると言えるかもしれません。

葱のヴルーテ

日本のおつゆが続きましたから、おしまいに一品、実に簡便なる洋風のスープをお教えしておきましょう。それが葱のヴルーテです。

ヴルーテ(velouté)というのは、フランス語で「ビロードのような」という意味だそう。ビロードと申し上げて通じますでしょうか、つまりベルベットのことです。そう言うからには、舌触り滑らかなることが身上です。

日本葱を十本から十五本、ご用意ください。使うのは白い部分だけです。これで正味六〇〇グラムほどになりますでしょうか。量に驚かれるかもしれませんが、煮詰めてペースト状にすると瓶一本分ほどになってしまいますから、このくらいの量はどうしても必要です。

葱は洗って白い部分だけ、三ミリから五ミリの小口切りにします。葱の刺激で涙が出ますがしばらく辛抱。これを肌の厚い鍋に入れ、四分の一カップのオリーブオイルを加えて全体に馴染ませます。まだ火は点けません。

葱とオリーブオイルがよく絡まったら、鍋に蓋を着せ、ここで初めて火を点けます。火力は弱めの中火、時々蓋を開けて木べラで混ぜながら均一に加熱します。蓋に付いた露は鍋の中に落としましょう。こうして葱を蒸らし炒めするのです。じきに葱がしんなりしてくるはずです。

ここで大匙一の生姜汁を加えてさらに炒めたのち、鶏のブイヨンを二と二分の一カップ、塩小匙一を加えます。あとはこれをペースト状になるまで気長に煮詰めるだけ。焦げ味が付かぬよう、注意なさってください。焦げるのは何も鍋底だけではありません。鍋肌にブイヨンが跳ねるとそこが先に焦げてきます。その苦い汁がヴルーテの中に落ちると劣った味になります。ですからうるさいことを書けば、鍋肌を汚さないヘラ使いはどういうものか、また鍋に対してどういう形の、どういう寸法のヘラが仕事をしやすくするのか、料理をする人は誰でも、いつか、どこかでこうしたことを考えなければなりません。料理における注意というのは、例えばそういうことです。

ペースト状になったら、消毒した清潔な瓶に収め、冷蔵庫で保存します。この場合、安心して召し上がれるのは五日間。小分けにして冷凍すれば三カ月は問題ないでしょう。

ヴルーテを大匙一、カップにとって熱湯を注ぎ、塩で味を調えれば簡便なるスープになります。塩少々の代わりにポトリと味噌を落としても結構でしょう。

葱のヴルーテは、洋風の肴で楽しんだ酒席の〆に重宝すると思います。ヌチグスイもそうですが、こうした即席ともいえるおつゆを二口、三口でも召し上がり、お酒の仕上げをなさってください。

漬物

外で飲まれる方には、漬物好きが多いようです。注文すれば直ちに出てきますし、急いで食べなくてもよい。味の濃い料理の次に漬物へ、と、合いの手としても最高です。それだけではありません。浅漬けは別として、漬物は発酵食品ですから、適度な酸味が食欲を増進させますし、味わいが複雑ですから酒との相性がいいのも当然といえます。

野菜を切って浸しておけばそのまま浅漬けとして食べられる調味液もこの頃は出回っていますが、漬物作りというのはいわゆる庖丁仕事でない作業や待ち時間が多く、肴作りとしてかえって面白い面があると私は思います。ここでは簡便な漬物だけでなく、糠床の育て方、漬け方といったことも書いておきます。発酵食品の熟《な》れた味わいというものは、時間が生み出すもの。ですから決して駆け足で作ることはできません。しかし物づくりというものは一般に、時間のかかるものではないでしょうか。糠の中に住まう乳酸菌が生み出す、複雑でしみじみとした味わい。風の力をお頼りして作る干物もそうですが、人智を超える自然と時間とが育む味には、いわゆる料理という言葉で測りがたい大きさと深さ、そして面白味があります。酔うために飲む酒ではなく、心身の疲れを癒し、いのちを養うための酒には、こうした肴こそ相応しいのではないでしょうか。

皆様も漬物はぜひ、ご自身のものになさり、酒席のほかでもお楽しみください。

糠漬け

糠漬けというのは、米糠を乳酸菌で発酵させた糠床にいろいろな野菜を漬けたもので、漬物の代名詞と申し上げてもよろしいでしょう。酒飲みの方はご存知かもしれませんが、糠に漬けて美味しいのは何も野菜に限りません。鰯や鯖といった青魚を糠に漬けたへしこという珍味があり、若狭辺の名物とされております。ここでは深入りできませんが、酒の肴に最高のものですから、覚えておかれるとよいでしょう。

はじめに糠床を用意しましょう。ここに記す糠床には青梅を加えますので、初夏に用意なさるのがよいと思います。また念のため申し上げますが、一から糠床を用意すると、初めのうちは漬物の仕上がりにがっかりなさる方があるかもしれません。何度も漬けては混ぜ返し、徐々に乳酸菌をはじめとする微生物の宇宙が育ち、それに従って複雑な味わいを生み出す糠床になるのです。ですから、はじめから最高の糠漬けを期待すべきではありませんし、初め思うように漬からなかったとしてもがっかりすることはないのです。糠床との付き合いは慌てずゆっくり、ご機嫌をとりながらにいたしましょう。

以下に示す分量はお一人暮らしの方には多すぎます。半分程度の量で用意なさってもなお十分かと思います。

まず糠を二キロご用意ください。糠(米糠)というのは、米を精白したときに出るお余りです。有機無農薬の米糠をお求めください。今、案外これが難しいかもしれません。

鍋に水三リットル、粗塩(是非とも天然塩を)五〇〇グラムを入れて煮溶かします。これを冷まし、別容器に入れておいた糠二キロに注ぎ、手でよく混ぜます。漬物容器を新たにお求めになられるなら、琺瑯製品をお勧めします。角型のものなら、冷蔵庫に入れても空間が無駄になりません。

ここに丸ままの赤唐辛子を十本、青梅を幾つか加えます。以前は生姜や山椒、大豆なども入れておりましたが、今は入れておりません。これらを加えてよくかき混ぜたら、捨て漬けをいたします。これは生まれたての糠床にキャベツなどの野菜を入れることによって初期の発酵を促す作業で、糠床作りに欠かすことができない手順です。

キャベツ半個分を糠床に入れ、糠の表面を平らに均《なら》し、蓋をしておきます。翌日から一日に一度、手で混ぜ返します。底まで手を入れ、空気が入るように大きく混ぜてやると、一週間ほど経ったところで野菜の水分が糠に移って手触りが変わってくるのと同時に、糠から立つ香りも変化してくることがお分かりになるでしょう。こうなれば捨て漬けのキャベツは用を終えていますから、取り除いてください。このキャベツは食べられません。

ここからはお好みで野菜を漬けることができます。とはいえ、何年も丹精した糠床の味というようなものを期待すべきではありません。欠かさず手を入れ、丁寧に世話をしてやることで、糠床は徐々に奥行きある味わいを生み出すようになるのですから。

野菜であれば何でも漬けることができますが、若い糠床ならば葉物、蕪などから始めるとよいでしょう。糠床が馴染んできたら、胡瓜や茄子なども漬けます。

野菜は水でよく洗い、清潔な布巾や紙タオルで水気を取り除いておきます。容器の蓋を取ったら、糠をよく混ぜ(天地返しする)、塩を振った野菜を漬け込みます。このとき、この場所にはこれをと大凡《おおよそ》当たりをつけながら漬けると、取り出すときに無駄がありません。漬け込んだら元のように表面を均し、容器をきれいに拭き清めて蓋をします。時々糠床に虫が湧いたという方がいらっしゃいますが、蓋をきちんと締めることと、容器の内側だけでなく外側も清潔に保つことで、虫がつくことはほとんどなくなると思います。

取り出した糠漬けは洗って糠を落とし、野菜ごとに食べよく切ります。牛蒡なら歯触りを残す程度の厚さに斜め切り、菜っ葉の茎なら細に、という具合です。鉢に盛れば結構なお肴になるはずです。

さてご承知の方も多いと思いますが、糠漬けには日々の手入れが欠かせません。日に一度、容器の下まで手を入れてぐっと天地返しし、空気を入れてやるのが基本です。また野菜から水が出て糠床が柔らかくなり過ぎたときには、糠床の表面を均したあとに玉杓子などで凹み

漬物は野菜ごとに食べよく切り分け，鉢にざんぐり盛ること．糠床は床ごとに異なる小宇宙．複雑な発酵過程を経て得られる酸味は，酒の味と相俟って得も言われぬ妙味に．つい，もう一盞．

を作ってやると、じきに余分な水が溜まってくるはず。これを取り除けばよいのです。

毎日手入れするなんてとても、という方もありましょう。しかし数日程度の旅行であればやりようがあります。そういう場合は、糠床の表面に和紙を置き、その上に塩を敷き詰めて冷蔵庫に入れておけば悪くなりません。焼酎で湿らせた和紙に塩を敷いても結構です。

糠床を持つ、と言うとさも大変なことのようにお考えの方もありましょうが、暮らしのリズムに糠漬けが完全に入ってきてしまえばこちらのもの。いろいろな野菜を漬けては熟れた味をお楽しみください。

もう少し即席で作れる漬物もご紹介いたしましょう。

葉付き新生姜の赤梅酢漬け

赤梅酢漬け、と書いているだけで、私は耳の下がきゅっとなるような気がします。これは料理と言えぬほど易しいものでありながら、酒の肴にもってこい、私は庭でバーベキューをするときの付け合わせにも重宝しております。では作り方を。

はじめに、赤梅酢をご用意願います。梅干しを漬ける方にはお馴染みでしょうが、赤梅酢というのは下漬けした梅に、よく揉んだ赤紫蘇をほぐし入れたあとに得られる梅酢のこと。その色の鮮やかなことと言ったらありません。梅干しの色は本来、白茶《しらちゃ》色であって、そこに赤紫蘇を加えることでご承知のような赤い梅干しになるのです。梅を漬ける方はおろか、梅酢を活用なさる方のいたって少なくなったことは悲しむべきことですが、市販品もありますから、よく原料をお確かめの上、お使いになられてもよいでしょう。

葉付き生姜が出回るのは、五月の下旬頃からでしょうか。青々した生姜の葉、クリーム色の根茎、その間の部分があたかもぼかし染めしたように鮮やかな紅色になっています。葉のしゃっきりしたものを求めたら、水で汚れを除きます。あまり生姜が大きい場合には、何箇所か縦に割目を入れておくとよいでしょう。あとは根の部分がしっかり赤梅酢に浸かっている状態にし、一日置けば完成。これだけのことです。しかし脂の強い肴の合間にカリッとひと噛みすると、若い生姜のみずみずしい香気が口中へ一瞬で拡がり、大変具合のよいものですから、酒の肴「以呂波の㋑」として、覚えておかれることをお勧めいたします。

赤梅酢は、次にご紹介する即席柴漬けの下漬けにも用いることができますから、捨てないでください。

即席柴漬け

柴漬けは、どなたにも馴染みある漬物です。ここに記すのは本当の「即席」、すなわち誰でも訳なく作ることのできるもの。赤紫蘇(粗く刻んだゆかりでもよい)が手に入ったときに、きっと思い出して作っていただきたいと思います。美しい色を出すためにも、私は二度漬けすることをお勧めしております。

材料はいわゆる夏野菜です。胡瓜を一としたときに、茄子は倍の二、ご用意ください。材料の基本はこの二つで、あとは茗荷、生姜、獅子唐、場合によってはピーマンなど、お好みで加えてもよいでしょう。

まずは切り物から。茄子は洗ったあとにヘタを落とし、縞目に皮を剝いておきます。その後、お好みで七ミリから二センチ厚の輪切りにします。そのほかの材料は小口切り、生姜は千切りです。胡瓜は初めに塩を馴染ませてから小口切りになさるとより丁寧。

切った野菜を容器に収め、赤梅酢をひたひたに注いだら軽く重石をします。このとき赤梅酢から野菜が覗かないようにいたしましょう。これで半日置きます。容器に一等良いのは琺瑯。酸のあるものの扱いには琺瑯が良い、と覚えておかれるといいでしょう。ここまでが下漬けです。

次に本漬け。下漬けで使った梅酢を捨て、新たに梅酢を注ぎ、今度はさらに梅漬けの赤紫蘇(ゆかり)も入れて重石をし、一日馴染ませればもう召し上がることができます。「即席」の意味がお分かりいただけるでしょう。

夏の浅漬け

柴漬けの季節とも重なりますが、夏には浅漬けもよい酒の肴になります。胡瓜やキャベツを基本とし、ここに茗荷、生姜、青紫蘇といった香りのものを合わせるのがさっぱり召し上がるコツ。これらを食べよく切り、塩をして暫く重石をかけておけばよいのです。満遍なく塩が回るよう、一、二度混ぜてやればなお結構です。

柴漬けといい、浅漬けといい、いずれも暑い盛りに易しく作れて、また食欲のない時節にもってこいのものではありますが、ひと夏中あっさりしたものばかりでは体が持ちませんから念のため。

冬のべったら漬け

べったら漬けをご存知でしょうか。大根を麹に漬けたもので、豊かな甘みとコリコリした歯触りが他に類のない漬物です。柴漬け、浅漬けと比べれば多少手数が多くなりますが、暮れから正月にかけて多くなる鍋物の合いの手として、またお茶漬けのお伴にも好適なる漬物として、時間のあるときに仕込んでおかれるとよいでしょう。

材料は大根のほかに塩、麹、米(もち米でもよい)、焼酎です。

初めに大根の皮を剝き、漬物容器に合わせて切っておきます。容器に大根を入れ、大根がすっかり被るよう塩水を加えますが、この塩水は水一リットルに対して塩一〇〇グラムの塩加減です。塩水は一旦煮立て、冷まします。かなり塩気の強い漬物のような印象を与えるでしょうが、麹や米が適度に塩を抜きますから、これが丁度良い加減、と私は思います。重石をしてまずは三日。

大根をざるに上げ、水を打ってアクを流したら、やはり同濃度の塩水に漬けてさらに三日置きます。つまり大根を塩水で二度漬けする訳です(この段階で、あとに記す甘酒床の準備も始めます)。二度漬けが済んだら、大根をざるに上げて再びアクを流してやり、水気が切れたら焼酎にさっとくぐらせます。これを甘酒床に漬けていくのです。

では甘酒床の作り方を記します。

米五合分を柔らかく炊き、五五度から六〇度に冷まします。べったら漬けを甘めに仕上げたければ、米の代わりにもち米をお使いください。ここへ麹二リットル分を加え、一カップの焼酎とともに冷めるまでよく混ぜます。これを密閉容器に移し、タオルで包んで(つまり保温して)発酵を促します。

いよいよ二度漬けが済んで焼酎にくぐらせた大根を、この甘酒床に漬けます。

漬物容器の底に大根、その上に甘酒床、さらに大根、甘酒床……と交互に漬け込みます。唐辛子を散らす方もありますが、これはお好みでどうぞ。そのまま二週間ほど置けば食べごろです。歯に問題がない方はあまり薄く切らず、厚めに切って召し上がるのがよろしいでしょう。

糠漬けをはじめとして、発酵させたものが酒の肴に相応しいのは、ある意味では当然のことかもしれません。ここでは野菜を漬ける漬物を中心に書きましたが、野菜と魚を麹で漬けたかぶらずし(天王寺蕪や近江蕪、魚には鮭や鰤を使う)、たらこを酒粕で漬けた魚卵の粕漬けといった、いわゆる熟れ味の類には、人の手の及ばない発酵という働きが生んだ奥行きがあり、汲めども尽きぬ面白味があります。確かに発酵食品には独特の風味、癖がありますから、誰しもが好むものではないでしょうが、人間が長い時間をかけて手中に収めてきた複雑な味が出揃っているようにも思われます。まさに文化・文明の味、酒の肴を考える上で決して避けて通ることのできぬものです。

酒仙ならずとも日頃から親しんで、ご自分のものにしていただきたいと願っています。

あとがき

しばらく止《よ》していた生ハム作りに、この頃また取り組んでいます。

イタリアで料理を学んで日本へ戻ってきた私は、向こうで学んだ料理がうまく再現できず困っていました。味の秘密に生ハムがあるらしいと睨んだ私は、それを作ることを考え始めましたが、湿潤なる日本では到底不可能と言われ続けました。一九六九年頃のことです。鎌倉の風があればあるいは作れるかもしれないと直感した私は、憑かれたようにピレネーを超えてスペイン・アンダルシアまで作り方を調べ歩きました。

日本に戻った私は豚のもも肉を山のように求め、その乾き方を調べ、塩加減を研究し、必要に迫られてついには風洞式空調装置付きの小屋まで建ててしまいます。母は「次から次へ、まるでうちの中で追い剝ぎを飼っているようだよ」とこぼしておりました。一応これという作り方が決まったのは一九八二年頃、私は間もなく還暦という年になっていました。結局母も、数年遅れて逝った父も、私の生ハムを口にすることはありませんでした。

この技を伝承するため、ここ数年、若い人たちと一緒に生ハム作りをしているというわけです。

生ハムは手近なものでさっと拵えるお肴とは全く別次元の、頭脳と人の手、そして時間が生み出す究極の熟れ味。赤ワインはもちろんですが、私は生ハムが酒、ことにお燗を付けた日本酒とも合うのを見つけました——と、この「あとがき」を書いておりますと、「おばちゃん、知らないの？

生ハムって紹興酒にも合うんだよ」。横から甥っ子が半畳を入れます。へえ、と思いました。

酒の肴はいわゆるお菜とは異なり、どこかにキリッと締まった、洒落たところがあってほしいと思います。お造り一つとっても、お夕食に召し上がるときと、酒の肴として召し上がるときとでは、盛り付け(照らし方)が自ずから違ってくるべきでしょう。

気に入った器に、とっておきの肴をほんの少し。盞蓄を傾けながらお仲間と会話を楽しむのは何物にも代え難い一刻。「両人対酌山花開、一杯一杯復一杯」(李白)の世界です。また一方、湯豆腐でもつつきながらお一人でしみじみ飲むのもよろしい。特に年配の方には、独酌というものが特別のひとときになるようです。このように、酒の肴にはどこかに「人間」というものが表れてくるところが、私にはこよなく面白いものに思われます。

この『お肴春秋』は、岩波書店編集部の岩元浩さんを伴走者として一年間『図書』で連載した「お肴歳時記」をもとに、第二部を新たに書き下ろした本です。家庭料理やスープの作り方、また食と人間のあり方を主題にしたものなど、これまで私は四十冊を超える著書を出してきましたが、この『お肴春秋』は酒の肴という全く新しい切り口で料理と食文化を綴った、独特の一冊になったと思っております。本書を読み物としてだけでなく、実際に日々のお肴作りに役立てていただけたら、著者としてこれに勝る喜びはありません。

二〇二〇年三月

鎌倉にて　辰巳芳子

本書は、月刊誌『図書』（岩波書店）二〇一八年十月号から二〇一九年九月号までの一年間、連載された「お肴歳時記」（全十二回）を改稿・加筆の上、第Ⅰ部「読む肴　篇」とし、さらに単行本化に当たって第Ⅱ部「作る肴　篇」を書き下ろして一巻としたものである。

辰巳芳子
1924年，東京生まれ．料理研究家，随筆家．
料理研究家であった母・辰巳浜子から家庭料理を，宮内庁大膳寮で修行した加藤正之からフランス料理を学ぶ．NPO法人「大豆100粒運動を支える会」会長，「確かな味を造る会」最高顧問．ドキュメンタリー映画「天のしずく　辰巳芳子“いのちのスープ”」(2012年，監督・河邑厚徳)のほか，『あなたのために』『仕込みもの』(ともに文化出版局)など，著書多数．

お肴春秋

2020年4月15日　第1刷発行
2020年7月6日　第2刷発行

著　者　辰巳芳子《たつみよしこ》

発行者　岡本　厚

発行所　株式会社　岩波書店
〒101-8002　東京都千代田区一ツ橋2-5-5
電話案内　03-5210-4000
https://www.iwanami.co.jp/

印刷・精興社　製本・牧製本

ISBN 978-4-00-061405-4　　Printed in Japan